「たんぽぽ子供の家」園長

小川浅子

子どもの扉がひらくとき

「モンテッソーリたんぽぽ子供の家」の子育てから

太郎次郎社
エディタス

はじめに

私がモンテッソーリ教育と出会ったのは、わが子を育てているときでした。三歳の子どもが、一生懸命、本物の包丁を使って野菜を切っている、しかも毎日くり返している……。なぜだろうと不思議に感じ、子どもには敏感期というものがあることを目の当たりにしました。

それからモンテッソーリ教育を学びはじめ、その考え方が科学的で、学べば学ぶほど、子どものやることには意味があり、理があることを知りました。

三十三年前、一九八六年に「モンテッソーリたんぽぽ子供の家」（以下「子供の家」）を開いてからは、子供の家を舞台にくり広げられる子どもたちの姿をとおして、多くの発見がありました。

いまからこの本でお伝えしたいと思っていることの源泉は、日々の保育のなかで子どもたちが見せてくれる、「なぜ、そんなことに興味があるの?」「なぜ、そんなことで泣くのかしら」といった〝なぜなぜ〟や、保護者のみなさんがお手紙や連絡帳で報告してくださる家庭での子どもたちの姿です。

こんなことがありました。子供の家の父親参観は、お父さんがお休みのとれる日に、登園から保育終了までの時間を子どもたちといっしょに過ごします。あるお父さんは参観を終えて開口一番、奥さんに「たんぽぽがあるから安心して子育てができると思った。もうひとり子どもを育てよう」と言ったそうです。そのお子さんは三人兄弟の末っ子で、いまでは小学二年生に成長しました。

自立した人間になるという大仕事を、子どもは全生命をかけて、大人とは違うゆっくりしたペースで、体を動かしながら学んでいきます。このような幼児期の特徴を知っていたら、子どもの意思を尊重しつつ、自立していく子どもの成長を楽しみながら、子育てができるのではないでしょうか。

このエッセイが、読者のみなさんにとって、子育ての疑問を解決する糸口になったり、安心して子育てができるヒントになったり、モンテッソーリ教育を知るきっかけになったりするとしたら、とてもうれしいことです。

どうぞ「子どもの扉」を開きながら、ごいっしょに子どもの世界を探検してみてください。子も親も教師も幸せになれる扉をノックしてみませんか。

子どもの扉がひらくとき

目次

Ⅰ「たんぽぽ子供の家」へようこそ

Ⅱ

子どもと大人は違う

III 子どもの見方・援《たす》け方

IV 自然を観る、いのちに触れる

V わかるということ、できるということ

VI 自立に向かう

＊この本に登場する子ども・保護者・教師は、一部をのぞき仮名とする。

I

「たんぽぽ子供の家」へようこそ

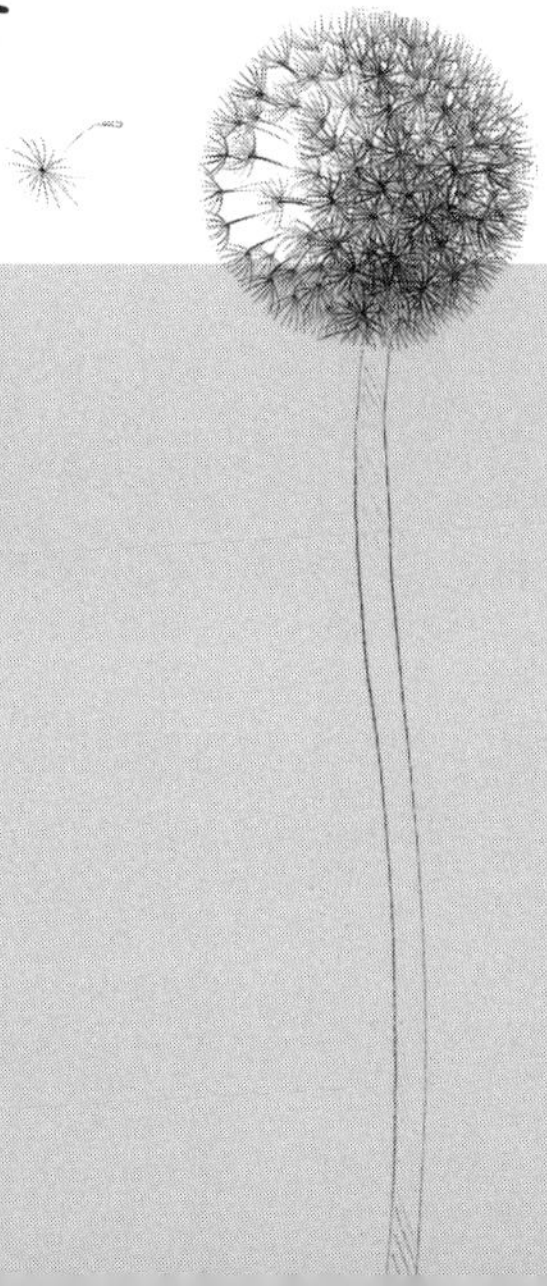

こころゆくまでやってみる

穏やかな気持ち

編みものをしているときに、もうそろそろ食事の支度をする時間だからやめなくてはと思いつつ、もう少し、もう少しだけと、なかなかやめることができずに編みつづけてしまったことはありませんか。編みもののように単純な動きのくり返しをしていると、なぜそんなふうになるのか不思議なのですが、ふと気がつくと、心が安定して穏やかな気持ちになっています。

私は、千葉県船橋市にある「モンテッソーリたんぽぽ子供の家」で、二歳から六歳までの幼児五十名ほどと毎日いっしょに過ごしています。その子どもたちも、おもちゃを動かしたり、水遊びをしたりと、何かに夢中になって手を動かしていると、やはり心が安定し、お友だちやお母さんとの関係が穏やかなものになることが多いようです。

こうした、私が見てきた幼児の心の不思議な扉を開けて、お知らせできたらと思います。

先生の名前を呼んだ

二〇〇三年四月のことです。子供の家に、純也くんという二歳五か月のひとりの男の子が入園してきました。純也くんはことばも遅く、同じ年齢の子より幼い感じがしました。子供の家には手を使って作業できるものがたくさん用意されています。たとえば、本物の野菜が切れる包丁、コーヒーミル、洗濯ができるたらいや洗濯板、ピーナッツの殻むき、折り紙、パズル、モンテッソーリ教具などなど、百種類以上の教材があります。子どもたちは、そのなかから、そのときに興味関心があるものを自分で選んで「お仕事」（P20参照）をします。

しかし、純也くんはどんなものにもあまり興味を示すことがなく、ごろごろと寝転んだり、部屋のなかをうろうろと歩きまわったりしていました。純也くんは先生のことを名前で呼ばす、「あれ」とか「これ」とかと言って、指差していました。ところがある日、「シールを貼る」作業に誘い、シールをはがして台紙

の図柄にぴったりとあわせて貼る動作をゆっくり見せてあげると、じっと見ていて、シールを図にあわせて貼りはじめました。

それからは何日もシール貼りを続けました。そして、シールが台紙にぴったりと貼れるようになった日から、教師のことを「○○先生」と呼ぶようになりました。

その後、私はある講演会で相良敦子《さがらあつこ》さん（当時・エリザベト音楽大学教授）から同じようなお話を聞きました。大学院生が語った、ある先生の話です。小学校の障害児教育のクラスに、算数も国語も学ぼうとせずに、いつも鼻をたらしている明子さんという子どもがいたそうです。その先生は、明子さんに鼻のかみ方をゆっくりと見せました。まずティッシュをたたみ、鼻に両手を添えて、右手で鼻孔を押さえて左の鼻孔から息を吐く動作を分析して、「鼻はこうしてかむのよ」と教えました。

すると明子さんは、先生がして見せてくれたとおりに鼻をかみ、そのまま何回もくり返して、とうとうティッシュひと箱分も鼻をかんだそうです。そして、それまではその先生のことを「女先生」と呼んでいたのに、それ以後「○○先生」と名前で呼ぶようになったということです。あまりにも似ていることが起こったことに、私は驚きました。

どうして名前を呼ぶようになったのかはわかりませんが、私は、純也くんも明子さんも、興味関心をもったことについて、大人が、上から押しつけるのではなく、ゆっくりとていねいに、その子を尊重してやり方を伝えてくれたことに対して、「自分は大切にされている」と感じ、「ありがとう」という気持ちが「○○先生」と名前で呼ばせたのではないかと思います。

マフラーを編みたい

純也くんについては、まだ続きがあります。

二〇〇六年の九月、年長児になった純也くんが「毛糸のマフラーを織り機で織ってみたい」と言いだしました。当時の純也くんはまだ、針に糸を通す、玉結びをするなどの基本的な動作を獲得していませんでした。でも、純也くんの意志は固いようでしたので、まずは十センチほど織れば完成するかんたんなミニ織り機からはじめました。

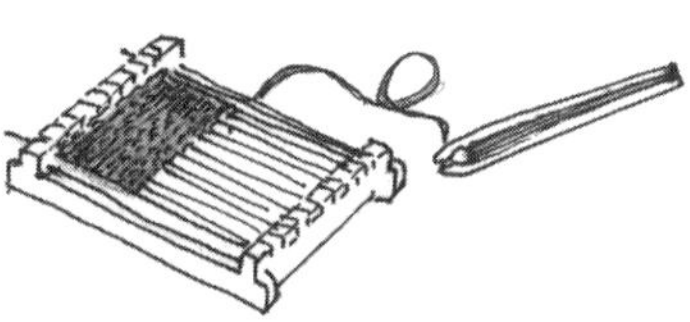

はじめは何度も糸を引っかけて、「できないよー」とパニックを起こしましたが、途中でやめるとは言いませんでした。とうとうミニ織り機で小さな作品を完成させ、念願のマフラー織りにとりかかりました。ここでも、玉結びに頓挫したり、糸を引っかけってしまって直したりという作業をくり返しましたが、六十センチほど織りすすめると、織り機からはトンカラリンとリズミカルな音が響くようになり、その後は、まるで職人のような手さばきで織りすすめていきました。

自分で決める大切さ

このような経過のなかで、私がいちばん注目したのは、純也くんの身体の動きと目の動きでした。ちょうど運動会の時期でもあって、並行してダンスの練習もしていました。そのダンスの練習のときに、教師が「先生の手を見てね。こうしてピンと伸ばしてくださいい」と言うと、純也くんは教師の手から目を離さず、手をピンと伸ばしていました。それからの純也くんは、何をするにも真剣でした。

卒園までの一月～三月は、ひらがなを書くことに夢中になり、卒園式まであと十日というころになったとき、純也くんは私に「隣でお仕事したいなあー」とよく言っては、私の隣に座って作業をし、ときどき背中にまわっておんぶしてきて、「さびしいなあー」とつぶやくほどに、感情を表現してくれるようになりました。どの子も手を使う作業に夢中になり、満足すると、穏やかな、やさしいこころになります。

知りたがっていることを、ゆっくりていねいに伝える。やってあげるのではなく、やり方を教えてあげることで、子どもは意志どおり動く手や体を手に入れて、「ぼくって、私って、すごい」と自信をもち、自分を受け入れ、心を安定させ、つぎなる世界の扉を開いていくようです。純也くんは成長がゆっくりだったので、その過程がよく見えたのですが、不思議なことに、どの子もこの道筋（次ページ参照）を通って成長していきます。

今回、私が純也くんから学んだことは、主体的に生きる大切さです。マフラーを編みたいと彼が自分で決めたことで、強い意志力が生まれ、その後に発生するハードルを乗りこえていけたのだと思います。

だからこそ、子どもが何かに夢中になっているときは、せかさず、ゆったりと、子どもの知りたい、できるようになりたい、という気持ちを大切に見守ってあげたいものです。

お仕事

子どもは、大人がしている料理や掃除、洗濯などをやってみたいと思っています。子供の家では、パンをつくる、洗濯をする、野菜を切る、花を活ける、アイロンをかけるなどの作業が用意されています。真似事ではありません。道具は子どもサイズですが、本物です。乱暴に扱えば、壊れてしまいます。本物を使うことで、子どもは集中して作業に取り組みます。

モンテッソーリ教育の現場では、これらの作業を「お仕事」と呼んでいます。なぜ「お仕事」というのでしょうか。

①作業を自分で選ぶ→②選んだものに主体的にかかわる→③全人格をかけて集中する→④「ひとりでできた！」という達成感を味わう→⑤自立に向かう

このサイクルをくり返すことで、自分の意志どおりに動く体をつくり、精神の自己コントロールができるようになります。つまり、人間をつくる仕事をしているのです。

子どもはお仕事をとおして「自分が変わる」という体験をし、人格的成長をとげます。子どもはこのように自分を成長させてくれる「お仕事」を好むのです。

光る目と大きな背中

奈々ちゃんの歩行デビュー

八月に、子供の家のお泊まり保育をおこないました。お泊まり保育が終わると、保護者の方々がお迎えにきてくださいます。そのなかには園児の兄弟姉妹もいて、そのひとりに一歳の奈々ちゃんもいました。

奈々ちゃんは立っていました。いつもベビーカーに乗っていたので、私は思わず「奈々ちゃん、歩けるの!?」と声をかけました。そのときの奈々ちゃんの目は、光り

輝いていました。奈々ちゃんは意志をもったしっかりとした目で私を見つめ、口をきりっと結んでいました。「じつは、歩けていたんです。あることに気づき、歩かせることにしました」というお母さん。「何に気づいたのか教えてね。気づいたことをぜひ文章に書いてくださいね」とお願いしました。

●お母さんからの長い手紙

奈々は一歳のお誕生日を迎えてすぐに歩きはじめました。そのころ、困ったことがひとつありました。それは、ベビーカーから、かってに降りようとすることです。腰のベルトをすり抜けて、気がつくとベビーカーの上に立っています。歩行中にも何度か落ちました。

最近のベビーカーはチャイルドシートのように肩からの五点式ベルトで、いまどき二点式のベビーカーに乗っているのは、うちぐらいです。ふたりめでベビーカーを買いかえるなんてもったいないと思いながらも、五点式なら落ちてケガすることもないだろうなと思っていた矢先に事件が起こりました。

実家の母に奈々を預けたときのことです。お散歩中に奈々がベビーカーから落ちてたんこぶをつくりました。母に新しいベビーカーを買ったらと提案され、私もケガをさせてはと思い、すぐに新しいベビーカーをお店に見にいきました。姉の五年前のベビーカーにくらべ、進化していて、どれがよいのか迷ってしまいましたが、多少高くても長く使えるほうがよいということで、四歳まで乗れるというベビーカーを購入しました。乗せてみると、はじめは身動きがとれない状態に大泣きし、その後はあきらめたのでしょう、おとなしく座りました。やれやれひと安心です。

一か月後に私は、「〇～三歳のモンテッソーリ教育」の講座を受講しました。そのなかで、子どもが歩きたがるときに、じゅうぶんに歩かせる大切さを知ったのです。

奈々は、いままで歩けなかったから、ベビーカーに乗っていたのです。歩けるようになったいま、もう彼女にベビーカーは必要なかったのです。歩けるのだから、当然ベビーカーを降りようとする。奈々がなぜ降りようとしていたのか、私は見てとれずにいたのです。新しいベビーカーに乗せたときの悲痛の叫びにも耳を傾けず、母としてほんとうに申し訳ない気持ちになりました。

奈々をベビーカーに乗せない生活になって約一か月、姉の送迎時に四十分歩いています。とても満足した顔つきです。ベビーカーに乗っていたら楽しめなかった、雑草摘み、石拾い、アリの観察、散歩中の犬を追いかけることなどしています。そして「よく歩くね」と声をかけてくださる年配の方に、「こんにちは」とおじぎをしてみせる娘の姿に、ベビーカーから降りると、こんなにもたくさんの刺激を受けられるのだと気づきました。チョロチョロしていてたいへんですが、喜んで歩いてくれるこの時期にたくさん歩かせて、ベビーカーを卒業しようと思います。

凛として大きな後ろ姿

子供の家まで奈々ちゃんが歩いてくるようになってからの私のいちばんの発見は、玄関まで入ってきてからの行動です。かならず、玄関にある観察台にのっている木の実、昆虫、花などを見て、さわって、気がすむと自分から背を向けて帰っていくのです。自分の興味関心のあることを満足するまでしたときに、「これでもう終わり」と自分で決める。主体的に生きていける心地よさが、一歳の奈々ちゃんの背中にあふれているのです。よく男の背中に人生が見えるとか、背中が物語るとかいいますが、幼い奈々

ちゃんの背中にも強い意志を感じ、後ろ姿が凛《りん》として大きく見えた朝でした。

お世話するって、どういうこと？

年長さんと毎月一回、バスで三十分ほどの船橋市郊外にある「県民の森」に行っています。県民の森は広さ十四ヘクタール、雑木林とホタルの飛ぶ流れもあって、かつての里山がそのまま残っています。春には野草を摘んで天ぷらにして食べます。夏にはトンボやバッタを捕まえ、秋にはシイの実やドングリ、栗を拾い、冬には小枝や落ち葉でたき火を楽しみます。子どもが子どもらしく、のびのびと過ごせる場所で、子どもたちは「森の遠足」と呼んでいます。

九月に県民の森を訪ねたときのことです。お弁当を食べていると、二匹の子猫が近づいてきました。子どもたちはすぐに子猫を抱っこしたり、追いかけたり、追いかけられたりしながら遊んでいました。とくにひとりの女の子は、子猫が気に入ったのか、長いあいだ抱いていました。

それを見ていたさくらちゃんが、「お世話してあげないといけないよ」と言ったそうです。由香先生が、「お世話するってどういうこと？」と聞くと、「あのね、猫が歩きたいなら、歩かせてあげるのがお世話だよ」と答えたそうです。

この話を聞いて、奈々ちゃんのことがすぐに思い浮かびました。奈々ちゃんのお母さんが気づいた「歩きたいときには、歩かせることが大切」。六歳のさくらちゃんは、子供の家でみずからの興味関心のあることをこころゆくまでくり返し、達成感を味わう充実した日々を過ごしています。そして、縦割り教育（二歳から六歳までの子どもが同じクラス。P45参照）のなかで、小さいときは年長者に助けてもらい、自分が年長者になったいまは、やさしく年下の子どもに接し、ときには大人よりもじょうずに手助けをしてくれます。

それらの体験が、「お世話することとは、歩ける子猫を抱いてかわいがることではなく、歩きたい、駆けだしたいと思っている

だろう子猫を自由にしてあげること」という本質をとらえる力を育てたようです。

　このふたつの出来事は、子どもの意思を尊重していく重大さを教えてくれました。

ひとりでできるようになりたいの

大人にとって便利で快適なものが、子どもにとってはときに不自由で、しかも子どもの成長を妨げることもあります。私はたまたま便利なベビーカーのない時代に子育てができたので、幸いなことに、いつまでも娘をベビーカーに乗せてしまう「失敗」をせずにすみました。もしもあったとしたら、便利さに使いつづけていたかもしれません。

　奈々ちゃんの光る目は、興味関心のあることを探そう、自分で確かめようとする、強い意志の目の輝きでした。子どもには、いま獲得しなければならないことに敏感になり、そのことに夢中になるという特徴があります。バケツにシャベルで砂を入れる。しかも飽きもせず何回も同じ動きをくり返している子どもを、一度や二度は目にしたことがあると思います。それは、ものをつかんだり、ねじったりするための手首を発達させたいという、子どもの内なる生命の願いがそうさせるのです。

　ベビーカーはひとつの例ですが、大人にとって便利な道具は、子どもが手や足を使う機会を失わせ、五感（視覚・聴覚・味覚・嗅覚・触覚）を発達させる機会を失わせてしまうことがあります。そして、なによりも大切な、ひとりでできるようになりたい、自立したいという意欲を子どもから奪いさってしまうのです。

ときどきちょっと立ちどまって、この子はいま、何に興味関心があるのかな、どんな動きを獲得したいのかなと、子どもの視点に立って考えてみたいものです。

選ぶということ

選べるって、うれしい

私たちは、いろいろな場面で、どちらにしようか選びながら生きています。ところが、選択肢のない場合もあります。

二〇〇七年のことですが、子供の家の耐震工事をすることになりました。子供の家は築四十年の木造住宅。この古い家が私は大好きです。しかし、子どもの命を守るためには耐震工事が必要です。業者を選び、さて資金繰りという段になってのこと。A銀行では融資はできないという選択肢のない回答。B銀行ではふたつの選択肢を示してくれました。選択肢のある回答を示され、私は主体的に選べることがすごくうれしいと思いました。そのとき、子どもが主体的に選んだときに見せてくれるうれしそうな表情が目に浮かびました。

ます。

作業を自分で選ぶ

子供の家の子どもたちは、百種類以上の教材のなかから、自分で選んだ作業をやっています。

たとえば、野菜を切りたい子どもは、本物の包丁で本物の野菜を切ります。パズルをする子、ビーズを使って数を数える子、パンの材料を秤《はかり》で測る子、編みものをする子など、選ぶ作業はさまざまです。こうして興味関心のある作業を主体的に選ぶことは、どんな意味をもつのでしょうか。

はじめての参観者がよくする質問は「子どもたちがものをとりあったり、けんかしたりする場面がありませんが、なぜですか」というものです。モンテッソーリ教育では、教具・教材は、基本的には一種につき一セットが各クラスに用意されています。Aちゃんが選んだ教材をBちゃんもやりたいことがあります。Aちゃんには、自分で選んだ作業を「やりたいだけくり返す自由」があります。Bちゃんも待っていれば、「つぎに、やりたいだけくり返す自由があります」。教具・教材が一セットであるため、だれかが使っているときは、待たなければなりません。ここには自由と規律（P194参照）が存在します。

幼児は待つ体験をとおして、自分の意思も、相手の意思も尊重することを学びます。自分と友だちは違ってあたりまえ。ぼくの意見を尊重してほしい、だからきみの意見も尊重するよ。一人ひとりが自立することで、平和な世界が実現します。

モンテッソーリは「政治やイデオロギーでは平和な世界を築けない。教育によってこそ実現する」と確信し、幼い子どもたちに作業をとおして自立していく道筋を伝えていきました。もちろん、子どもたちはけんかもし、ときにはいじわるもします。トラブルを経験することも必要なことです。しかし、作業をしている保育室ではけんかは起きません。そこには、自分たちを尊重してくれる整えられた環境が用意されているからです。整えられた環境とは、第一に、物的環境としての興味関心のある教具・教材があること。第二に、人的環境としての自立した大人がいること。整えられた環境の保育室には、モンテッソーリが望んだ平和な世界が具現化されています。

真央ちゃんの選択

真央ちゃんのお母さまより、すてきなお便りが届きましたので、ご紹介します。

特別用事もなかったので、真央と私は各自リュックにお弁当を入れ、ユザワヤの地下にできたスーパーへ歩いて「遠足」に出かけました。真央は「ジャム」を買いにいくと張りきっていました。ＪＲ津田沼駅までの道を遠まわりして秋の紅葉を堪能し、お日さまもポカポカでとても気持ちよい日でした。スーパーで「ジャム」を買い、本屋で立ち読みし、百円ショップで真央がずっとほしがっていた筆箱を買ってあげました。私用に買った四個入りの消しゴムのひとつをどうしてもほしいというので、「ひとつあげるね」と約束しました。買ったものを真央が自分のリュックに入れると言うので、持ってもらうことにしました。

途中でお弁当を食べ、ぐるりと駅の歩道橋を渡り、自宅近くの公園で少し遊んで家に帰りました。十時に家を出て二時まで、その日は公園で遊んでいるときも、がんばってずっとリュックを下ろそうとしませんでした。家に着くと筆箱の値札をとったり、四個の消しゴムの袋を開け、ひとつは自分の筆箱に入れ、残りの三個は、私の引き出しにしまってくれました。

リュックから品物を出すとき、「ふー、おもしろかった！」とつぶやいていました。何か大きな仕事を成しとげたかのようです。いつもは、散歩の後半は「おもい」といってリュックを下ろすのに、この日はやっと買ってもらった筆箱がよほど大事だったらしく、がんばって背負っていました。三歳になると違うなぁと感じました。

真央ちゃんが「ふー、おもしろかった！」と、何か大仕事を成しとげたようにつぶやいたのは、ずっとほしがっていた（待っていた）興味関心のあるものを自分で選んで買った充実感があったからでしょう。それが、自分で持ちたい、自分で背負いたいという意欲となり、最後までリュックを背負うことで達成感を得て、主体的に生きていくことの喜びを感じたのではないでしょうか。

幼い子どもの気持ちを尊重しててていねいにつきあっていくことは、ときには時間がなかったり面倒だったりしますが、このような子どもの姿に出会えたら、大人は幸せな気持ちになることでしょう。「ていねいにつきあう」ことは、大人も子どもも幸せにしてくれる鍵のようです。

どんな魔法？

保育参観のときのことです。当時二歳半だった和夫くんがズボンを汚してしまい、着がえることになりました。あいにく和夫くんの着がえ袋のなかにズボンが入っていませんでした。そんなときは子供の家で用意しているズボンを使うのですが、和夫くんは、自分のズボンでないことにこだわり、「やだ！　やだ！」と言って、けっしてズボンをはこうとしませんでした。冬だったこともあり、若い教師は「寒いからはきましょうね」「風邪をひいてしまうから」などと、一生懸命に説得していましたが、和夫くんは「やだ！　やだ！」の一点張り。

そこで私は、二枚のズボンを和夫くんの前に置いて「和夫くん、黒いズボンと青いズボンとどっちがいい？」と聞きました。すると和夫くんは、黒いズボンを指さしました。「黒いズボンがいいのね。じゃ、これをはきましょう」と私が言うと、ズボンをはきはじめたのです。そのようすを一部始終見ていた方に、「先生は、どんな魔法を使ったのでしょうか」と質問されました。私は「それは、選ぶという魔法です」と答えました。

選ぶことのできる選択肢があることは、子どものこころを解放し、素直な気持ちにさせてくれます。

三角巾できてよかったね

月日がたって和夫くんも五歳、年中児になりました。年中児になると、お弁当の用意をする「お当番活動」がはじまります。お当番のときには、頭に三角巾をかぶります。ところが和夫くんは、なぜか帽子が大きらい。夏の暑い日でも、どんなにすすめても、けっして帽子をかぶろうとしない子でした。ですから三角巾もしませんでした。しかたなくお当番をするときは三角巾かエプロンをしてほしいと伝え、どちらにするかを選んでもらいま

した。彼の答えは、「エプロンをする」でした。

それからさらに約一年が過ぎようとしていました。和夫くんもあと三か月で年長児、私はそろそろ三角巾ができるといいなぁと思っていました。

三学期になると、年中児は一班八名分のお弁当を用意し、お茶を入れ、花を活けて飾るなどのテーブルセッテングをひとりでできるように練習します。なぜそのようにするかというと、年長児になったら、年下の子どもにお当番のやり方を教えていくことができるようになるためです。和夫くんも年長児に教えてもらっていました。

いよいよ三学期、ふと見ると、和夫くんが三角巾をしてお当番をしているではないですか。その経過を彩先生が話してくれました。「こんど、年長さんになるから、和夫くんも三角巾をかぶってほしいなぁ。赤組さん（年少児）に三角巾のかぶり方を教えられる人になってくれると、うれしいなぁ。白とピンクがあるから選んでみて！」と言ったそうです。

すると和夫くんは、白い三角巾を選んで当番をはじめたのです。そのようすを見ていた太郎くんが、顔を輝かして駆けより、「三角巾できてよかったね」と声をかけました。それに応えて和夫くんは、とてもいい笑顔を見せ、見ていた彩先生もたいへんうれしかったそうです。

教師は、いつか三角巾をしてお当番をしてほしいと思う気持ちをもちつづけ、和夫くんが「三角巾をしよう」と決めるまで待ち、仲間は和夫くんの選択を喜んでくれました。ここには、思いやりのある温かな世界が広がっています。

選びとりながら成長できる幸せを大切にしたいものです。

役割があるって、すばらしい

あこがれのお世話係

子供の家では異年齢の子どもが同じ教室で作業をし、ともに学んでいく縦割りクラスという環境で日々過ごしています。縦割りクラスという環境が、子どもの成長を援《たす》ける大きな要素となっています。

異年齢の子どもがいっしょにいると、小さな子どもは「お兄さん、お姉さんがやっていることがやりたい」とあこがれ、「どうやっているんだろう」と見ています。大きな子どもは小さな子どもにやさしく声をかけ、やり方を教えてあげたり、手をつないで散歩に出かけたりと、大人よりも小さい子のペースにあわせてつきあってくれます。

先日も年長児の遼介《りょうすけ》くんは、二歳児の昭雄くんがコーヒーミルを回しやすいように、コーヒーミルを押さえてあげていました。そのおかげで、昭雄くんはコーヒーを袋いっぱい挽《ひ》くことができました。

遼介くんはコーヒーミルを三十分以上押さえてあげていたでしょうか。その後はなにごともなかったように、自分がやっていた作業にもどっていました。このように小さい子のお世話を自然にしている姿は、教室のあちこちで見られます。

お世話係とは、年長児がマンツーマンで二歳児や三歳児のお世話をしてくれるシステムです。お世話係は教師の手をらくにするためなのではないか、と思われる方もいるかもしれません。しかし、数十年、子どもたちのようすを見てきて、たがいに社会のなかでのかかわり方を学ぶよい機会になっていることを実感しています。

最初は小さい子の世話をしすぎて、いやがられることもあります。どう世話していいかわからず、とまどう子どももいます。それがだんだんにちょうどよいかかわり方を学んで、遼介くんのようになっていきます。

年少者は年長者にあこがれ、年長者はそれにふさわしい自分になりたいと思って、行動していくようになります。同年齢の子どもにされたらけっして許さないことも、年少者にはやさしく許し、縦割りクラスのなかで子どもたちはたがいに成長していきます。

晴男くんは活発な年長さんですが、虫が苦手です。子どもたちが園庭でカナヘビを見つけて飼育箱に入れていました。三歳の勇人くんが「晴男くん、カナヘビとって」と頼みま

散歩は、年長児が年少児の手を引いて

した。一瞬、晴男くんの顔に緊張が走りましたが、どうするのか見ていると、彼はさっとカナヘビのしっぽを持って、飼育箱から出して勇人くんの目の前にさし出しました。小さな子たちの羨望のまなざし、そして晴男くんの誇らしげな顔。小さな子の期待に応えることで「できた」を経験した晴男くんでした。

お世話していた子どものことを、こんなふうに気にかけてくれる子どももいます。「明日、学校がお休みなので、たんぽぽに遊びにいっていいですか」と、小学四年生の真矢ちゃんから電話がありました。数年ぶりでしたが、一日楽しそうに過ごして帰っていきました。

あとでお母さんから聞いてわかったので

すが、真矢ちゃんは自分がお世話していた巧くんがもうすぐ小学校に入学するので、ちゃんと一年生になれるか、ようすを見にきてくれたそうです。そしてお母さんに「巧くんはもう小学校に行ってもだいじょうぶだ」と言ったそうです。

運動会は卒園生がお手伝い

子供の家の運動会は、毎年十月の第二土曜日に実施されています。会場は近くのグラウンドを借りているため、前日からの準備ができず、朝早くから職員・父母が運動会の準備をします。今年は卒園生も五十人ほどお手伝いにきてくれ、そのなかに中高生が四名いました。朝の準備の段階から中高生が手伝いに入り、荷物を運んだり、グラウンドに万国旗を飾ったり、トラックのラインを引いたりしてくれました。

小学生もお手伝いしてくれます。まず、プログラムの内容におうじて役割が書かれている表に、自分がやりたい仕事を選んで氏名を記入することからはじまります。たとえばパン食い競走なら、①竿《さお》を持つ二名、②パンを竿につける四名、③ゴールテープを持つ二名……、このように書かれたところに自分の名前を入れるのです。

運動会のプログラムは十種目ほどですが、一つひとつの役割を埋めていくと、ひとり四役ほど。この役割をプログラムごとに手伝ってくれる卒園生がいるおかげで、スムーズに

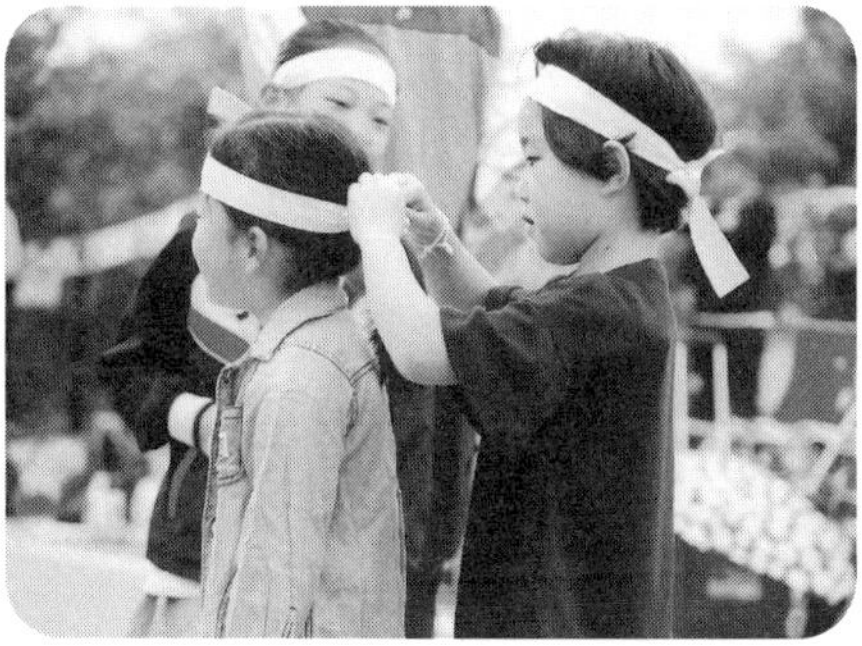
園児（左）のハチマキを結ぶのも卒園生

競技は進行していきます。自分の役割を全うしようという卒園生のきびきびした働きぶりは、それはみごとです。

無事に運動会もすみ、中高生は子供の家にもどって片づけも手伝ってくれました。グラウンドに飾られていた万国旗は、これまでの延べ二百七十人の子どもたちの作品です。二千枚以上ある万国旗はジャバラ折りにたたまれて、きれいに箱に納められました。

卒園生たちは国旗の裏に書かれている制作者の名前を見て、「この子はぼくがお世話した子だよ」「ぼくはたんぽぽでお世話した子の名前は忘れちゃっているけど、お世話してもらったことは覚えているよ」と、幼児のころの思い出話に花が咲きました。

中学三年生の明夫くんは自分のつくった万国旗が残っていることがうれしくて、ここで幼児期を過ごせてよかったなぁと思ったそうです。

自分の役割なんだから

運動会の手伝いにきた卒園生が「あのお当番表、変わってないね」と、なつかしがって見ていました。お当番表には一日の役割がわかるように、名前のところにお当番の印の絵カードが入っています。お当番の種類は「お弁当の準備」のほか、お散歩のときに「救急用具の入っているバックを持っていく」「ビニール袋を持っていく」などがあります。この表を見て子どもたちは自分の一日の役割を把握して、お当番をしていきます。

ときには「お当番をやりたくないので、お友だちにかわって」と頼んでくることもありますが、教師は子どもがやだなぁと思っていても、できるだけ「自分の役割をやっていきましょう」というスタンスに立って子どもを援助しています。

夏休みも終わり、新学期がはじまって一か月がたったころに、

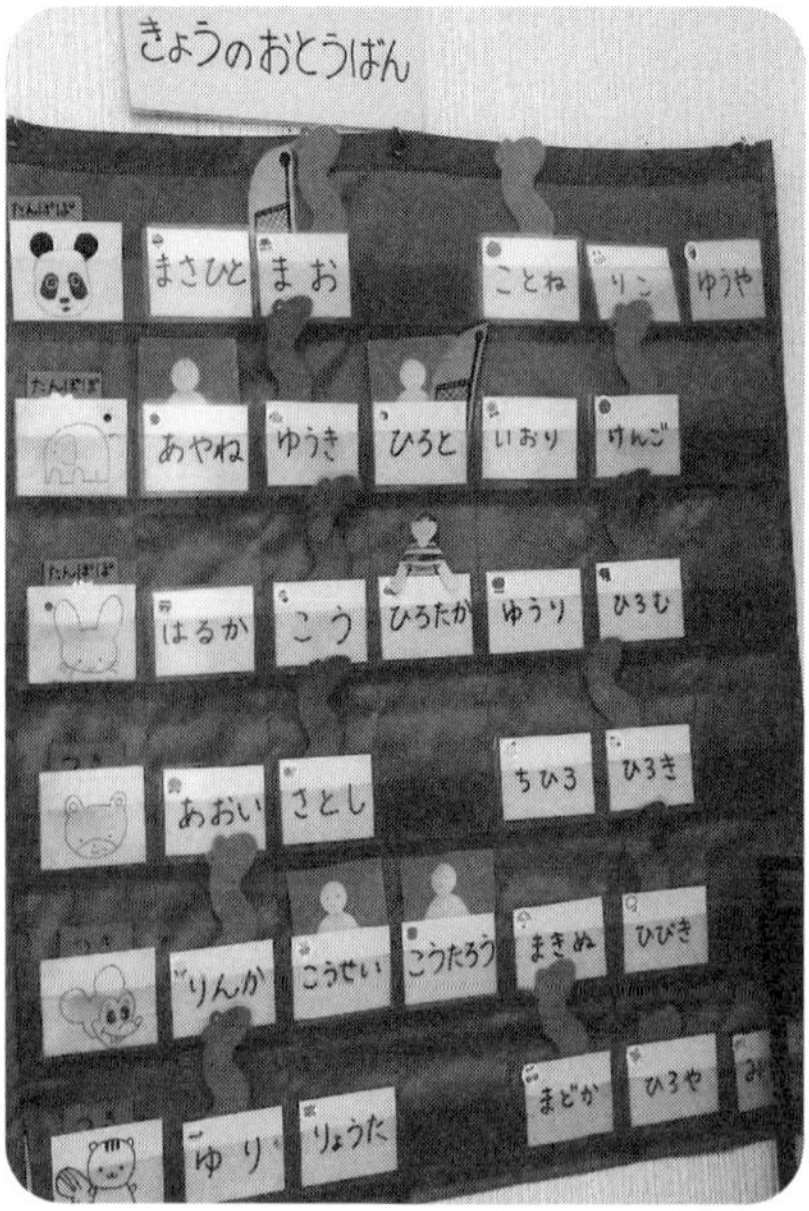

お当番表

真由ちゃんのお母さんからお便りが届きました。


夏休みにお祭りで金魚すくいをしました。どうしても金魚がほしくて、真由は自分が餌をあげると約束し、たくさんすくった金魚を持って帰ってきました。

九月に佳枝（七歳）と真由（四歳）は、はじめてふたりだけで、おばあちゃんの家に泊まりにいき、夜になると、ふたりから電話が入りました。

「やっぱり帰りたい」「ママ、迎えにきて」、こんなことばかなと思って出てみると、真由から「ママ、金魚に餌をあげておいて」とのことでした。一日二回あげているうちの夜のぶんを自分があげられないから、私にかわりにあげてほしいというのです。どんな小さなことでも「役割がある」ということはとてもよいことだと感じる出来事でした。

子どもの役割、大人の役割

十一月に保育参観があり、その後の懇談会で、あるお父さんから「先生に『いすを持ってきてください』と言われて息子はすぐにやりましたけど、家ではすぐには動かないんですよ。たんぽぽでしているんだから、家でもやるように言うべきでしょうか。どうなんでしょう」と聞かれました。

私は「そうですね、たんぽぽは社会だからやれるのでしょう。たんぽぽでできるんだから家でもやるようにというより、たんぽぽで一生懸命やってるんだねと認めてあげると、おうちでもやってくれると思います。人間は認められることはうれしいことですもの」とお話ししました。

役割があり、その活躍を見ていてくれる人がいる実感は、社会のなかで認められている自分に出会うことだと思います。

ですから、お世話係をすることも、金魚に餌をあげるのも、卒園生が運動会で一生懸命にお手伝いをしてくれるのも、義務でしているのではなく、やりたくてやっているのです。

大人の役割はいろいろありますが、ひとつは、子どもが社会の一員として役割を果たしていける環境と機会を用意してあげることだと思います。子どもにとって年齢にあった役割は、自尊心と責任感を育て、社会のなかで生きていく基礎をつくってくれます。

私も生きているかぎりは、「役割」をもちつづけていきたいと願っています。

縦割り教育

マリア・モンテッソーリは一九〇七年、ローマ郊外のサン・ロレンツォというスラム街で「子どもの家」を開設しました。そこでは、三歳から六歳の五十名ほどの子どもが同じ部屋でお仕事をしていました。モンテッソーリは、子どもが年齢の異なる子どもたちとふれあうなかで成長していくことを発見しました。

たんぽぽ子供の家でも二歳半から六歳（就学前）までの子どもが同じ部屋でお仕事をしています。このように異年齢の子どもがいっしょに活動する教育方法を縦割り教育といいます。

縦割り教育では、年上の子どもは年下の子どもを助け、やり方を教え、やさしくすることができるようになります。教えることによって、自分が獲得したことをさらに強化し、あこがれられる存在として自分自身を高める機会に恵まれます。

一方、年下の子どもは年上の子どもの活動を見ることで学び、つぎに何ができるようになるのか、さきを思いえがくことができます。年上の子どもからやさしくされた経験をとおして、年上になったときにはやさしく接することができるようになります。

子どもたちは、助けあい、認めあい、たがいに成長していくのです。

Ⅱ

子どもと大人は違う

いつもと同じじゃないとイヤ！

イヤイヤ期って、なに？

「モンテッソーリたんぽぽ子供の家」のことを知っていただくために、毎月一回、一歳から三歳ぐらいのお子さんをもつお母さんたちに、子どもをどう見ていったらよいのか、子どもとどのようにかかわっていったらよいのかをお伝えする時間を設けています。お母さんが話を聞いているあいだ、子どもたちは同じ部屋の教材のあるコーナーで教師と遊んでいます。

お母さんたちからは、「オムツがとれないんです」「偏食があります」「イヤイヤ期なのか、言うことを聞いてくれなくて、イライラしてしまうのですが、どうしたらいいですか」などなど、質問が出てきます。

イヤイヤ期って、大人の意見と子どもの意見がぶつかりあう時期ですよね。子どもが成長することで「自己主張」する。それを受け入れられずに、お母さんは怒り、イライラする果てにたたいてしまうこともある。そして反省するのくり返し。なんとかしたいというお母さんたちにお伝えしたい「子どもの見方」「子どもの援け方」を、現在子育て中の子供の家の真弓先生のブログから、ひも解いていきたいと思います。

●息子の秩序の敏感期がやってきた

秩序の敏感期とは、物事の順番や場所、所有物などが、いつも同じ順番で進むこと、同じ状態であることにこだわる時期のことをいいます。具体的には、食卓でいつもママが座る席におじいちゃんが座ると怒りだす、いつもと違う道を通って帰ろうとするといやがる、というような行動が挙げられます。

秩序の敏感期は一歳半〜二歳半くらいの子どもに顕著に現れます。

【息子に現れた秩序の敏感期ならではの行動】

・食卓にスープのお皿を置く場所はいつも息子から向かって右側なのですが、うっかり左側に置いてしまったら、急に大声で泣きだした。

・いつもサッカーボールを入れているバックに違うものを入れて出かけようとした

ら、泣きだした。

・公園で遊んだあと、まっすぐに家に帰ろうとしたら泣きだした（いつもはその公園で遊んだあとは決まってお買いものをしてから帰っていた）。

このような行動は大人には理解できず、「わがまま」「反抗」ととらえられ、「イヤイヤ期」ということばで片づけられてしまいがちですが、これはわがままではなく「秩序感」という特別な感受性。この世に生まれて右も左もわからずにいた子どもは、いつも同じことがくり返され、同じところにものがあることで、ようやくその諸関係を把握し、自分の位置を確認していきます。

モンテッソーリは自身の著書（『幼児の秘密』中村勇訳、日本モンテッソーリ教育綜合研究所）のなかで、「秩序の敏感期とは世界における自分の位置を知るために自然が子どもに羅針盤を手渡すともいうことができます」と述べています。

公園で遊んだあとまっすぐ家に帰ろうとしたら泣きだした息子を、いつものようにお買いものに連れていったら、落ちつきました。

息子の頭のなかに地図が完成できるように、「いつもと同じ状態を保つこと」を毎日心がけて生活していきたいな。

●「長靴って、なんだろう？」

今日は朝からお天気がよくなかったのでおうちでのんびり過ごしていたら、午後になって息子が「こうえーん」といって泣きだしました。いつもなら公園で遊んでいる時間だものね。何をしてもぜんぜん泣きやまないし、外を見たら小雨になっていたので、先週買ったばかりのレインポンチョを着せて、これまた買ったばかりの長靴をはかせて、お散歩に出かけることにしました。

「これでお散歩にいけるよ」って出発しようとしたら、息子は長靴を放り投げ、レインポンチョを脱ごうともがきながら、「くっくー」（靴）って、さっきよりも激しく泣きだしました。ゆうき（息子の名前）にとってはお散歩＝靴なんだね！　はじめてはかされる長靴とはじめて着せられるポンチョに、わけがわからなくなっちゃったみたい。いつもの靴をはかせてポンチョを脱がせて、いつものお散歩スタイルにしたら、なんとか落ちついた。

いろいろもめているあいだに雨もあがっていました。いつもの公園でいつものようにサッカーをして、排水溝に葉っぱを落として、アリを観察して、たくさん遊んでごきげんになりました。

一歳六か月の息子には、はじめてのことは想像ができなくてあたりまえ、ことばでいろいろ説明したって理解できない。じっさいに経験したことしかわからない。

来週は長靴をはいてお外を歩いてみようね。お散歩＝長靴ってわかってくれるといいな。


子どもの思っていることをすぐに理解してあげられないときもあるけれど、「秩序感の敏感期」を知っているおかげで、イライラしたり、怒ったり怒鳴ったり、たたいたりせずにいられると真弓先生は言っていました（敏感期についてはＰ68のコラム参照）。

子どもには意志がある

とはいえ真弓先生にも、ゆうきくんの行動で理解できずに困っていることがありました。

そんな想いをかかえながら一歳半健診にいったそうです。

●一歳半健診にいってきました
そのときのできごと……。

歯科健診、保健師さんとの面接の待ち時間、じっと座って待っていることができない息子は部屋を飛びだし、ついには保健センターの建物を何度も飛びだしていってしまう。いっしょにいた女の子のママたちに「やっぱり男の子はたいへんだね～」って言われたけれど、ほかの男の子たちはママの隣に座っていた……。何人か外に出て遊んでいる男の子もいたけど、ママの近くで遊んでいる感じだった。

息子は「ママ～！　こっちだよ～」と保健センターの駐車場をぐるぐる走りまわり、私はそれを追いかける。こんな親子は私たちだけ。あっちこっち自由に動きまわるのは男の子だし、一歳半っていう年齢だからなのかなって思っていたけど、それればかりじゃないって（うすうすわかっていたけど……）今日確信しました。

こんなことで保健師さんとの面談ができるのか心配したけど、そのときになったら意外に私の膝の上におとなしく座って、保健師さんの質問に答えたり、積み木をしたり、鉛筆でなぐり書きをしたりしていました。

でもこのあと……。保健師さんの「何か困っていることはありますか」という質問に、息子がものを投げることと、それをいくら注意しても治らないことを相談したとき、事件は起こりました。私に何を言われているかわかった息子は持っていた鉛筆を投げ、机の上にあった積み木やらすべてを放り投げ、投げるものがなくなったらこんどは私をたたき、髪を引っぱり、手のつけられない状態に。これ以上面談を続けられる状態じゃなかったので、面談は強制終了。

保健師さんからは「ママは先生だから自分でよくわかっていると思うけど、ちょっとかんの強いお子さんかもね」と言われました。そして最後に「ママがつらくならないようにね」と声をかけられました。

かんが強いと言われたことはべつによかったんです（事実だからしかたがない……）。ただ、「つらくならないように」という励ましのことばが、逆に私をつらくさせた。

息子を育てていて「たいへん」と思うことはたくさんあるけど、「つらい」と思ったことはない。たいへんだけど、毎日たくさん笑わせてくれる息子との日々は、むしろ楽しいと感じていた。この子を育てることって、つらいことなの？　私の子育てって、このさきもずっとつらいものなのかな。

帰り道、私をおいてどんどん先を歩いていってしまう息子の後ろ姿を見ながらそんなことを考えていたら、なんだかほんとうにつらくなってきてしまった。

あれから一週間。一昨日は大雨のなか、「おさんぽいく！」と言ってどうしても聞かない息子とお散歩にいきました。自分の意志をとおす息子とつきあうのは正直たいへんだけど、元気があってまぁいっか。

雨のなかを楽しそうにお散歩している息子を眺めながら、もうつらいとか悲しいとかそんな気持ちは感じていない自分に気づき、しばらく落ちこんだけど、もうだいじょうぶみたいです。どうやって立ちなおったかは次回のブログで！

●どんな子だってすばらしい

いままで息子をほかの子と比較してみたことはあまりなかったけど、一歳半健診いらい、息子と同じ歳くらいのおとなしそうな男の子を見ると、「あんなふうだったらいいのになぁ」と思うようになってしまった。

息子を預ける保育園を探していて、自由でのびのび、一人ひとりの個性を大切に育ててくれそうな保育園にほぼ入園を決めていたけど、この子にはもっと厳しくて、子どもを押さえつけるような保育園のほうがいいのかな、と考えるようにも。

一歳半健診でかんが強いって言われたことを母に報告したら、「そんなことはこの子が六か月のころからわかっていた」と言われた。厳しい保育園については「よけいに反発して、先生にきらわれるだけだろうね（笑）」と。たしかに……。そして「かんが強いってことは意志が強いってこと。意志が強いのは悪いことじゃない。そのエネルギーを押さえつけるのではなくて、よい方向に伸ばしてあげればいいのよ」とも。

母と話した日の夜、息子の寝顔を見ながら考えた。私はこの子にどんな子になってほしいと思ってるの？　私や先生の言うことを聞いてくれる子？　言うことを聞いてくれれば、それだけでいいの？
　私の大好きな詩。モンテッソーリ教師になってから出会った詩。子どもに対する接し方に迷ったり悩んだりしたときに読む詩。母になって読むのは二回目かな。

あなたがたの子どもたちは
あなたがたのものではない。
彼らは生命そのものの
あこがれの息子や娘である。
彼らはあなたがたを通して生まれてくるけれども
あなたがたから生じたものではない、
彼らはあなたがたと共にあるけれども
あなたがたの所有物ではない。
あなたがたは彼らに愛情を与えうるが、
あなたがたの考えを与えることはできない、
なぜなら彼らは自分自身の考えを持っているから。
あなたがたは彼らのからだを宿すことはできるが

彼らの魂を宿すことはできない、
なぜなら彼らの魂は明日の家に住んでおり、
あなたがたはその家を夢にさえ訪れられないから。
あなたがたは彼らのようになろうと努めうるが、
彼らに自分のようにならせようとしてはならない。
なぜなら生命はうしろへ退くことはなく
いつまでも昨日のところに
うろうろ　ぐずぐず　してはいないのだ。
あなたがたは弓のようなもの、
その弓からあなたがたの子どもたちは
生きた矢のように射られて　前へ放たれる。

——ハリール・ジブラーン「子どもについて」より
(『ハリール・ジブラーンの詩』神谷美恵子、角川文庫)

詩を読んで、母に言われたことを思い出しながら、自分がとても主観的に息子を見てしまっていたことに気づきました。子どもは大人の思いどおりになんてならない。

意志の強い子、慎重な子、マイペースな子……、いろんな子がいる。百人いれば百人みんな違うけど、どの子もみんなすてきな子。そしてどの子も成長する。ゆうきはゆうきなのに、ほかの子とくらべて、ほかの子みたいになってほしいなんて思っちゃってごめんね。

朝起きたら息子が「ママだいすき!」って、ぎゅってハグしてくれました。ママもゆうきのこと大好きだよ。ありのままの息子が大好きって思えたとき、私のこころは晴れました。さぁ今日は何をして遊ぶの? 何がしたいの?

もう少し大きくなったら少しはおとなしくなるんじゃないか、という期待値はマイナスになったので、もうママは何もこわくありません(たぶん……)。きっとまた悩んだり、落ちこんだりする日があると思うけど、私の子育てはまだはじまったばかり。これからも続く長い子育ての道。ゆっくり息子といっしょに成長していこう。

大人と子どもは違う

モンテッソーリは、「教育にひとつの原則がある。それは大人と子どもは違うということだ」と言っています。大人は人間として成育を完成している存在です。子どもは、成長をとげている過程にいて、つねに変わっていく存在です。同じことをくり返したい、できるようになりたいという子ども固有のリズムやテンポを無視して、大人の価値観で「よい」と思うことだけを押しつけたり要求したりすると、大人と子どもの戦いがはじまります。イライラしたときに「あっ、大人と子どもの戦いだ！」と感じたら、「戦いから撤退するのは大人から」を頭の隅においておきたいものです。

ゆうきくんは、小学生の子が大好きです。公園で小学生を見つけると、すぐに近づき、いっしょに遊んでもらおうとします。じっと小学生の動きを見て、同じようにやってみようとする姿に、「大きくなりたい」「あんなふうに動きたい」という強い生命のエネルギーを感じます。子どもは大人に向かって長い旅をしている旅人です。

思いどおり動けるようになりたいの

クッションを運ぶ男の子

子供の家のカーテンを買いに、インテリアショップに行った日のことです。二歳くらいの男の子が、自分より大きなクッションを両手に抱えてソファーの上に運んでいる姿を見て、「やってる、やってる」と、私と娘は目を細めて眺めていました。

このフロアーにはインテリアショップが何軒かあります。男の子が運んでいたクッションは、別の店のソファーの上に置かれていました。それを見つけた父親がまず「だめだろー」としかり、母親は「こっちの店とあっちの店は、違う店なのよ、泥棒になっちゃうよ」と、男の子の頭をぽこんとたたいたとたん、その子は大声で泣きはじめました。そのようすを見ていた娘は、「かわいそうに、あの子は運びたかっただけなのに。私だったら運ばせてあげるのになあ」と、つぶやいていました。

みなさんはどう思われますか。社会のルールは伝えなければならないけれど、二歳の幼児に「泥棒になっちゃうよ」は理解できないでしょう。もしも、この両親が、小さい子どもは大きなものを運ぶのが大好きだという特性を知っていたら、どう対応したでしょうか。運んでしまったものをお隣のお店に運びもどさせるために、こんなことばがけをしてあげられたかもしれません。「クッションを持っていくのが楽しいんだね。でも、これはほかのお店のものだから、こっちに運んでくれるかな」と。

しかし、もっと運びたくて大泣きするかもしれません。そんなときは「運びたかったんだね。でも、これはお店のものだから運べないの」と、子どもの運びたい気持ちには共感してあげる。わからなくても、社会のルールは伝えていく。いずれにしても、子どもの発達段階を知っていたら、イライラして怒ることもなく、親子ともども違う行動がとれたのではないでしょうか。そんなことを思いながら、私はエレベーターに乗りこみました。

運動というと、体操や、走る・跳ぶ・跳ねるというような体全体を動かすことをイメージするのではないでしょうか。しかし、ここでいう運動とは、すべての動きを指します。意志どおり動く体をつくりたい幼児期の子どもは、随意筋（意識的に伸縮しうる筋。手足の筋肉など）を動かすことに夢中になります。

きっとだれでも一度は、乳幼児が一生懸命に歩く練習をしている姿を目にしたことがあると思います。あれは、意志どおり歩ける体をつくりたい敏感期なのです。クッションを運んでいる子どもが運動の敏感期にいるのだということを、あの両親が知っていたら、「だめだろー」にはならなかったのではないでしょうか。

くり返すなかで獲得する

圭太くんは、ハサミを使ってゆっくりと紙を切っている先生の手元をじっと見ています。圭太くんもハサミを持って、切り紙をはじめました。そして、一時間以上、切りつづけたのです。その後、圭太くんは、なんと半年間、毎日切り紙を続け、スクラップブック二冊を切り紙で埋めつくしました。

圭太くんは、「手や指先を意志どおり動かしたい」運動の敏感期にいたのです。

圭太くんのスクラップブックがいっぱいになったとき、お母さんからこんなお便りが届きました。

先日持って帰ってきたスクラップには、半年間の圭太のお仕事がたくさんつまっていて、胸がいっぱいになりました。ハサミに目覚めてから、ほとんど毎日のように切り紙をしていた圭太。後半になるにつれ、複雑なものを切っていたり、やさしいものもていねいに切れるようになっていたりと、日々の積みかさねの大切さと、力を感じました。

つぎは、大きく体を動かすことに敏感だった、六歳児の次郎くんのお母さんのお便りです。

遠足の前日、はじめて逆上がりができました。数か月前から、鉄棒を見るたび「やってみない?」「教えてあげようか?」と誘ってもぜんぜん興味を示さなかったのですが、先々週くらいから突然、降園後、毎日のように公園で鉄棒の練習をはじめました。すねを鉄棒にぶつけてアザだらけになっても、何度もトライしていました。はじめはダラーとぶら下がっていましたが、二、三日で足が空を向くようになり、先週水曜日に成功しました。本気になってからは、あっというまでした。自転車のときもそうでしたが、タイミングってあるのだと感じました。親は「学校に入るまでには」とか「お友だちができているから」と、つい焦りますが、本人の気持ちが向くまで待つことが大事だなと思いました。

圭太くんが半年間切り紙をつづける姿を見守りつづけたお母さん。本人の気持ちが向くまで待っていれば、何回でもくり返して「逆上がり」という動きを獲得することに気づいた次郎くんのお母さん。見守りながら待つことはたいへんだったことでしょう。でも、待ってもらえることで、子どもたちは運動の敏感期をこころゆくまで味わうことができました。

幼少期に敏感期をこころゆくまで過ごすことができた子どもには、思いやりがあり、じょうずに手伝うことができ、困っている人を助けようとするなど、共通した特徴が見られます。

つぎの例は、そのような行動を、だれかに指示されるのではなく、自分で考えて実行していった女の子のお話です。

すてきな女の子

小学二年生になった卒園生の美咲さんのお母さんから、こんなお便りをいただきました。

美咲と調剤薬局に行ったときのことです。二歳ぐらいの男の子が、カウンターにある、きれいにできた十二面体を気に入ったようでした。薬剤師さんが「さしあげますよ」と声をかけると、四歳ぐらいのお姉ちゃんがすばやく手にとりました。ぼくのがないと大泣きする弟。ママは、弟に渡すようお姉ちゃんに何度も言いますが、聞きません。お姉ちゃんはママに「渡さないなら返します」と言われ、しかたなく弟に渡しました。そのようすを美咲はずっと見ていました。お姉ちゃんの立場がよくわかるので、女の子に同情しているのかも……。

薬局には薬を待っている子どものために、折り紙が置いてあることを知っている美咲は、六枚持ってきて立方体をつくると言いだしました。さっきの女の子を気にしながら折っています。そして「あの子にあげようと思うんだけど」と、自分の考えを打ち明けました。「いいんじゃない、手伝うね」と、ふたりで折りました。急いでつくりましたから、あまりきれいではありませんが……。

美咲は少しためらいながら、女の子に渡しました。不満できつい目をしていた女の子の表情はパッと明るくなり、「宝箱！」と、声をあげました。きれいな十二面体を持っている弟も寄ってきました。美咲はほかのものを折ろうとしていましたが、姉弟は美咲の手元をじっと見ています。美咲は折り紙を六枚に増やし、立方体をもうひとつつくりはじめました。すると、お姉ちゃんは「これ、りくくんの」と手にしていた立方体を弟に渡し、つぎにできる立方体をジーッと待っていました。

姉弟はふたりで立方体を手にしてうれしそう。美咲もうれしそう。とりあいになった十二面体はカウンターにもどっていました。私は、美咲が自分の娘であることをうれしく思いました。

自立という大仕事

美咲さんが姉弟の想いをくみとって、立方体を折るという行動がとれたのは、美咲さんが心身ともに自立しているからです。不思議なことに、意志どおり動く体になると、意志のコントロールができるようになり、その場にふさわしい行動がとれるようになります。

どうして圭太くんは、半年間も切り紙に夢中になれたのでしょうか。それは、ハサミを使うことで意志どおり動く体になっていくことが心地よかったのでしょう。では、なぜ心地よかったのでしょうか。圭太くんは、切り紙（運動）をとおして、達成感、充実感を味わい、自信をもつというサイクルを何度もくり返し、自立した人間になるための土台を築いていたからです。

自立した人間になるという大仕事を、子どもは全生命をかけて、大人とは違うゆっくりとしたペースで、体を動かしながら学んでいきます。このような幼児期の特徴を知っていたら、子どもの意思を尊重しつつ、自立していく子どもの成長を楽しみながら、子育てができるのではないでしょうか。

敏感期

すべての生物は幼少期に、成長発達するためにあることへの感受性が敏感になる一定期間があり、この期間を「敏感期」といいます。オランダの生物学者、ド・フリーズ（一八四八―一九三五）によって提唱された概念です。

マリア・モンテッソーリは、この生物学上の発見を、教育にはじめて利用しました。発達段階におうじて、「秩序感の敏感期」「運動の敏感期」「感覚の敏感期」「言語の敏感期」「数の敏感期」「文化の敏感期」などがあります。子どもは敏感期に、その対象となったテーマに夢中でかかわり、吸収します。このような敏感期は〇～六歳までに現れます。

「秩序感の敏感期」は、〇～三歳の時期に強く現れます。食事をするときに同じ場所に座らないと泣きだす、お散歩にいくときに同じ道を通りたがるなど、順番や場所にこだわります。

「言語の敏感期」には、話しことばと書きことばの敏感期があり、「話しことばの敏感期」には無意識に身のまわりにあることばを吸収していく能力があります。「書きことばの敏感期」では、文字に対する興味がたいへん強く現れて、文字を書くこと、読むことに集中します。

子どものさまざまな敏感期を知ると、なぜいまそれをしたいのかがわかり、親も子も安心してその時期を過ごしていけるようになると思います。

ひとりでできるように手伝ってね

イヤイヤ期の四つの敏感期

「いつもと同じじゃないとイヤ！」（P48）で、真弓先生のブログから、イヤイヤ期まっただなかのゆうきくんのようすを紹介しました。ゆうきくんは、物事の順番や場所、所有物などが、いつも同じ順番で進むことと、同じ状態であることにこだわり、そうでないと「イヤイヤ」と言いだします。モンテッソーリ教育では、この時期を「秩序感の敏感期」と言っています。

さきほど、「運動の敏感期」も出てきました。このふたつの敏感期のほかに、イヤイヤ期の幼児の敏感期には「感覚の敏感期」と「言語の敏感期」があります。

今回はこれらの敏感期についてお話ししたいと思いますが、まずは真弓先生のブログから、ゆうきくんに登場してもらって、運動の敏感期をおさらいしてみましょう。

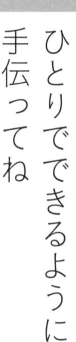

毎日「自分でやる！」って口癖のようにくり返す、ただいま二歳の息子です。みかんの皮をむくのも、ゆでたまごの殻をむくのも、ヨーグルトのふたを開けるのも、とにかくなんでも自分でやりたがります。このまえ、うっかりしてゆうきのみかんの皮をむいてしまったら、「もとにもどしてよ！」って大泣きされました。新しいみかんを渡してもだめ。しかたなく皮をセロテープで貼ってみたけれど、「もどってない！」ってさらに大泣き。ごめんね。自分でむきたかったよね。

お茶や牛乳をコップに注ぐときも「自分でやる！」ってひかないゆうき。でも、お茶の入っている大人用のピッチャーや牛乳パックからコップに注ぐのは、二歳の息子にとってはまだ難しくてひとりではできません。

そこで、ゆうきがひとりでコップに牛乳やお茶が注げるように、百均でお醤油さしを購入しました。お醤油さしのなかにはコップ一杯分の牛乳を入れておきました。ゆうきはお醤油さしからコップに牛乳を真剣に注ぎ、「できた！」「おいしーい！」って満足そうでした。子どもにとってまだ難しいことも、大人がちょっと環境を整えてあげるだけで、ひとりでできるようになりました。

一か月ほど過ぎて、お醤油さしでじょうずに注ぐことができるようになったので、こんどはガラスのピッチャーからお茶を注ぐようにしてみました。すると、ゆうきは

注ぐことが楽しくてしょうがないようすです。

運動の敏感期にいる子どもは、お茶を注ぐときに、どのように腕や指を動かしたらいいのか、動き方を獲得したいと思っています。興味がありますから、くり返しピッチャーからコップにお茶を注ぎます。動きがまだ完全ではありませんので、こぼしてしまうことが多々あります。

そのときに大切なことは、こぼしてもしからないこと。「こぼしちゃったね。残念だったね。こうして拭いたらいいのよ」と、じっさいにこぼれたお茶を拭いて見せてあげます。こぼしたときのために、子どもサイズのテーブル拭きを用意してあげておくと、失敗したときも自分で拭くことができます。安心して何回もくり返して、「できた！」という達成感を味わい、自信をつけ、自立へと向かっていきます。

大人のいちばん大切な役割は、子どもが「やりたい」と思うことに対して、「ひとりでできるように」環境を整えてあげることです。すると不思議なことに、子どもはイライラして「できない！」と癇癪《かんしゃく》を起こすことが減っていきます。

面倒でも無駄でもない

直人くんは、九月に子供の家に入園し、十一月に満三歳になった男の子です。恐竜のシール貼りが大好きで、一日に三、四種類の恐竜のシールを貼ります。そしてシールを一枚貼ると、自分の座卓式のテーブルを片づけます。直人くんはまだ脚をたたむことができないので、そのたびに先生を呼んだり年長さんに助けてもらったりして片づけています。そして、またテーブルを出してシールを貼ります。

友里先生は、直人くんが何回もテーブルを片づけるので、そのたびに「テーブルはそのままにしておいていいのよ」と伝えていました。でも直人くんは同じ手順でくり返す秩序感の敏感期にあり、同時に運動の敏感期ですので、直人くんにとっては面倒なことではないのです。

テーブルを出す、片づけるを四回もくり返すのですから、物事を合理的に考える大人にとっては無駄な動きをくり返していることになります。

テーブルを出したままにしてつぎの作業をする日がいつくるのか、楽しみに観察していると、それは一週間後にやってきました。シールを四枚貼りおえるまで、テーブルはそのままでした。一週間後の彼の姿を見て、直人くんが何回も同じ動きをくり返していたことが、彼にとって大切なことだったと友里先生も納得できたそうです。

自然のなかで感覚が育つ

続いて、「感覚の敏感期」について見ていきましょう。

幼児期は、大人は気づかないことでも「雨が降ってきたよ」「お父さんが帰ってきたよ」「今日のお味噌汁、なんか違うね」など、小さな音や味の変化に気づき、五感（視覚・聴覚・味覚・触覚・嗅覚）がひじょうに敏感になる時期です。

子どもといっしょに、自然のなかで、ただただドングリを拾ったり、石や枝、葉っぱを集めたり、虫を捕まえたり、木の実を食べたり、雲や月を眺めたりしていると、不思議なことに感覚が研ぎすまされていきます。

美香ちゃん（四歳）のお母さんが、お兄さんの少年野球の活動に同行する美香ちゃんのようすを知らせてくれました。

秋は、公園遊びにビニール袋が欠かせません。たんぽぽが終わってから中野木川公園に遊びにいっても、ビニール袋に木の実や枝、色づいた葉などを集めて楽しんでいます。兄の少年野球の応援で美香を連れていくことが多いのですが、メンバーのきょうだいはよちよち歩きの一歳から四、五歳の子ですが、みんな母親のスマホで動画を見たりゲームをしたりして過ごしています。

まわりの子どものようすを見ていて「美香もスマホ貸してほしい」と言うので、「少し写真を見るだけならいいわよ」と話して渡しました。その後少し見て「やっぱりもういい。ビニール袋ある?」と尋ね、グランド脇にある木々のほうに走っていき、いつものように実や葉を集めはじめました。

そんな美香の姿を見たまわりの子どもが、「ママ、私も行ってくる!」とつぎつぎに美香のかたわらへ。ビニール袋がなくてもお菓子の空き袋にたくさん拾って、得意げに母親のところへもどってきました。

遊具のないグランドでも、スマホをやめて自然のなかで思い思いに遊ぶ子どもたち。兄の野球の応援で、せっかくの休日にあまりレジャーに連れていってあげられないので、かわいそうな気がしていました。でも美香は週末の野球の応援になると「佳代ちゃん、今日来るかな」とお友だちに会えるのを楽しみにしています。

子どもは特別なことがなくても日々の生活で楽しみを見つけて、それをじゅうぶん味わっていける。子どもって、すてきですね。

科学の出前教師で、子供の家の子どもたちを霧ヶ峰合宿や森に案内してくれる平林浩先生は、子どものころのお話をよくしてくれます。お盆の花を山に採りにいったこと、鳥の観察に出かけたこと、キノコを採ったり山菜を摘んだりしたこと、キラキラ光る雲母をはじめてみたときの驚きなどなど、それらのお話のなかにはいつもお父さんが登場します。先生は、自分の自然体験はお父さんからの影響が大きかったとおしゃっています。

私も平林先生に出会い、四十を過ぎてから花や木々、虫に興味をもつようになり、子供の家の子どもたちと自然観察を楽しめるようになりました。小さな虫や花の名前を知るだけで、同じものが違って見えてきます。いままで見えなかったものが見えてくるというか、世界が広がる感じがします。自然をいっしょに楽しんでくれる大人を見て育った子どもは、すてきな子どもに

なると思うのです。

これはなんだ？

先日、真弓先生とゆうきくんと、近くの食堂にランチに出かけました。お店には、フエルトでつくった手づくりの動物や魚が二十種類ほどかごのなかに置いてありました。それを見つけたゆうきくんは「これはなんだ？」「イルカだね」、「イルカ、これはなんだ？」「イヌだね」、「イヌ、これはなんだ？」「なんだろうね？」「うんと、タコ！」というように何回も「これはなんだ？」をくり返し、ものの名前を認識しようとしています。すべてテーブルの上に並べると、こんどはかごに返しながら「これはなんだ？」「キツネだね」、「キツネ、これはなんだ」と、この問答をくり返すのです。二歳になったばかりのゆうきくんは「話しことばの敏感期」を迎え、ことばを覚えることに夢中です。

同じく言語の敏感期にいる直人くんのお母さんは、こんなメッセージを連絡帳に書いてくれました。

テレビをやめてから一か月がたちました。先日、筑波宇宙センターまでロケットを見にいったときのこと、祖父母の車で約二時間の道のりでした。一度もテレビや

DVDを見ずに過ごすことができました。会話を楽しんだり、クリスマス会で歌う「おだんごぱん」の歌を披露してくれたり、テレビを見ていては得られないすてきなひとときでした。

ことばは相手の気持ちをくみとり、そして自分の気持ちを伝えることができるすばらしい道具です。乳幼児期は生身の人間との会話でことばを獲得していく大事な時期です。同じことを何回聞かれても、ていねいにつきあってあげてほしい時代です。

ひとりでできるように、とことんつきあう

真弓先生に、一歳半健診にいったころの宇宙人のようなゆうきくんと、二歳になったいまとの変化を聞いてみました。

「急に飛びだしたりすることもなくなり、私が危ないとかダメとか言わなくても、車が来るとかならず止まっている。ちょっと待ってほしいときは、伝えると待っていてくれる。いまでもお友だちをたたいたり、おもちゃを独り占めにしたりしているのですが、なんていうか、ゆうきを信頼できるようになったんです。なぜそうなったのかはよくわからないけど、ゆうきがやりたいことにとことんつきあい、そしてひとりでできるように手伝って

きたことが、彼を変えていったように思うんです」と話してくれました。

〇歳から三歳に現れる「秩序感の敏感期」「運動の敏感期」「感覚の敏感期」「言語の敏感期」を知ることで「イヤイヤ期」の過ごし方がほんの少しでも見えてきたでしょうか？

自分がやりたいことをできるように手伝ってもらえた子どもは、自分は大切にされていると感じ、自分のことを好きな子どもになります。こうして尊重されて育てられた子どもは、相手のことばにも耳を傾けるようになります。ゆうきくんが以前より聞きわけがよくなったのは、彼の敏感期をママに理解してもらえたからではないでしょうか。

いろんな違いが気になるな

色別にしてね

子供の家が開園して三年目のころだったと思うのですが、年長児の真帆ちゃんがビーズを通すお仕事をしていました。お皿のなかにはいろいろな色のビーズがいっしょに入っていて、真帆ちゃんはそのなかから、赤・青・白・赤・青・白と小さいビーズを選んで順番に通して腕輪を完成させました。ニコニコして「できた！」と言って見せてくれたときに、真帆ちゃんが「先生、ビーズを色別にしておいてくれるといいなぁ」と、言ったのです。

私はそのことばを聞いて、はっとしました。そうだ、色別になっていたら、混ざったところから選ぶよりずっとかんたんだ。感覚の敏感期の子どもに教えられた出来事でした。それからは教材を用意するときには、色別にすること、種類別にすることなどを意識するようになりました。

こんなかたちができたよ！

愛ちゃんが、サンタクロースのかたちに折った折り紙八枚を組み合わせて、美しい八角形にしていました。私はそれを見て、「愛ちゃん、お母さんに教えてもらったの？　きれ

サンタクロースの折り紙に顔を描く

この写真の折り紙は、角度をあわせつつ色を順番にしてある。対にする、色別にする、順番に並べる、の知性を働かせた作品

いね。私にも教えて」と頼みました。愛ちゃんは「いいよ。サンタさんはお母さんに教えてもらったけど、このかたちは自分で考えたの」との返事。それは同じ角度のものを組み合わせて完成させたものです。

すばらしい感覚に、私はちょっとビックリするやらうれしいやらで、その作品を窓に貼ってもらいました。これを見たら、きっと興味を示す子どもがいるはずです。だれがどのようにこの折り紙に興味を示してくれるか、ワクワクして待っていると、予想は的中して、窓にはつぎつぎ作品が貼られていきました。

年長児がかたちや色に意識を向けられたのは、二歳ごろより現れる感覚の敏感期を、大切に過ごすことができたためではないかと感じています。

では、どのように感覚の敏感期は訪れるのでしょうか。ちょうど感覚の敏感期のまっただなかにいるゆうきくんに登場してもらいます（真弓先生のブログより引用）。

●感覚の敏感期

生まれてから三歳ごろまでの子どもは、視覚・触覚・聴覚・味覚・嗅覚といった五感がとても敏感です。この時期の子どもは、外界のかたち・色・手ざわり・音・味・においなどを無意識に吸収し、自分のなかに蓄積していきます。また、一歳半から二

歳ごろになると知性が芽生えはじめます。複数のもののなかから同じものを見つけて対にしたり、比較して段階づけたり、分類したりという知性が働きはじめます。

二歳四か月の息子のゆうきは電車と車が大好きです。ミニチュアの車と電車を分けて車だけ並べるというように、現在感覚の敏感期まっただなかの息子は、この、同じ仲間を見つけて並べる行動を、ほぼ毎日のようにくり返しています。

先日、実家に行ったときのことです。たくさんのカイロ（懐炉）を見つけて息子は、「重い、重い」と言いながら部屋から部屋へひと箱ずつ運んでは積みあげるという作業を、この日一日何回くり返したことか。そしてこんどは床に並べて、その上を歩いて「ママ！　長いよ！」。息子のようすを観察していると、こうしてじっさいに自分の体を使って、いろいろなものを並べたり、積みあげたりすることで、「大きい」「小さい」「長い」「重い」などの概念が、彼のなかにだんだんと形成されていくのがよくわかります。

モンテッソーリ教育の感覚の敏感期を知らなかったら「片づけなさい」って言ってしまっていたかもしれないな。感覚の敏感期を知っていると、こんな行動がむしろおもしろくて、見ているだけでワクワクしてしまいます。

ゆうきの、せんせいの

小学部の授業が終わり、講師の先生にお茶を入れていたときのことです。ゆうきくんが先生に「はい、どうぞ」と言っておせんべいを渡しました。私はゆうきくんが「はい、どうぞ」と渡せたことにたいへん驚きました。ゆうきくんはいつも両手にお菓子を持って、自分が食べることに夢中で、人に分けることなど思いのほかのことでした。

ゆうきくんはこのところ「おんなじ、おんなじ」という、対応するという感覚が育ってきていたのです。おせんべいを両手に持って「ゆうきの」「せんせいの」と言っていました。先生が部屋に入ってくるまえに自分のおせんべいは食べてしまっていたので、私は渡せないだろうと予想していました。ところが、ゆうきくんは「せんせいの」と言って渡したのです。私は「ゆうきくん、おせんべいあげられてすごいね」と、思わず言ってしまいました。そのとき、二歳のゆうきくんの顔は誇らしく輝いていました。

感覚が磨かれてきて、「対にする」「比較して段階づける」「分類する」という知性が働きます。「これはゆうきのおせんべい」「これはせんせいのおせんべい」と対応することができ、同時に好きなおせんべいを渡せるという自己コントロールする力もついてきたのだと思いました。

研ぎすまされた感覚から知性が育つ

ゆうきくんが箱を積んだり、お皿を小さい順に並べたり、車と電車を分けたりすることを、真弓先生が楽しんで見ていてあげることで、ゆうきくんの感性は磨かれ、対にしていく知性が働いたのです。それが講師の先生に「おせんべいを一枚どうぞ」と渡せるこころを育てるもとになったように思えます。

感覚の敏感期に感覚を研ぎすました子どもは、全体を観察し、わずかな差異に気づく感性が育つようです。年長さんの折り紙の発展も、感覚の敏感期をじゅうぶん経験して培われたように、私には思えました。

「対にする」「比較して段階づける」「分類する」という知性は、物事を整理整頓して考えられることで、自分のまわりの人たちとの関係を築いていくうえでも、重要な役割を果たしてくれます。体を動かしながら知性を使う体験をたくさんした子どもは、主体的に考え、行動し、人生の主人公として生きていけることでしょう。

幼児期には石を拾い、土をこね、アリを捕まえ、ダンゴムシを手にのせ、ガードレールをさわり……、ありとあらゆるものを見て、さわって、においを嗅いで、耳を澄まし、味わって過ごします。この時期に「ダメでしょ。汚いでしょ」と言わないで、大人は子どもが五感を使うことを保障してあげたいものです。

外遊びをする子どもたち

自然のプログラム

モンテッソーリは、蝶が卵↓幼虫↓さなぎ↓成虫（蝶）になるように、人間の子どもの発育にも、それと似た変遷や変容の時期が交互に現れると言っています（図参照）。

第一期の〇～三歳までは、自分の身のまわりのことをすべて吸収していく無意識の吸収精神をもっています。まるで写真を撮るようにすべてのものを吸収する時期で、なんなく母語を獲得できるのもそのためです。三～六歳までは、無意識に吸収したものを、対にする、段階づける、分類することで、意識的に理解していきます。

第二期には、知的欲求・善悪の区別・道徳感が芽生えて、集団活動や群れ本能が生まれてきます。

第三期には、思春期に入り、身体的に大人に生まれかわっていく時期です。社会に目覚め、自我の創造の時期です。つぎに青年期に入り、自己を確立し、社会のなかに自分を位置づけていきます。

そして大人期に入っていきます。

人間にも自然のプログラムがあることを知り、大人が自分の都合や思いこみから子どもの活動をやめさせたりせずに、尊重し、発展させる手助けをしていきたいものです。

卒園を迎える時期になると、いつも思うことがあります。二歳で入園して四年間、子供の家で過ごしますが、発達が速い子、ゆっくりな子、やんちゃな子、落ちつかない子、などさまざまです。

しかし不思議なことに、どの子も同じ道筋を通って成長していきます。

「もう、小学校に行ってもだいじょうぶだね」と思うと同時に、「帳尻があう」ということばが浮かびます。幼虫からさなぎになるのに時間がかかる子、そして蝶になるのが遅い子、でも、みんな卒園のときはいろいろな蝶になって飛びたっていきます。

いつもお母さんに言うことばです。

「卒園するころには不思議と帳尻があうんですよ。だから、ゆっくりでもだいじょうぶ！」

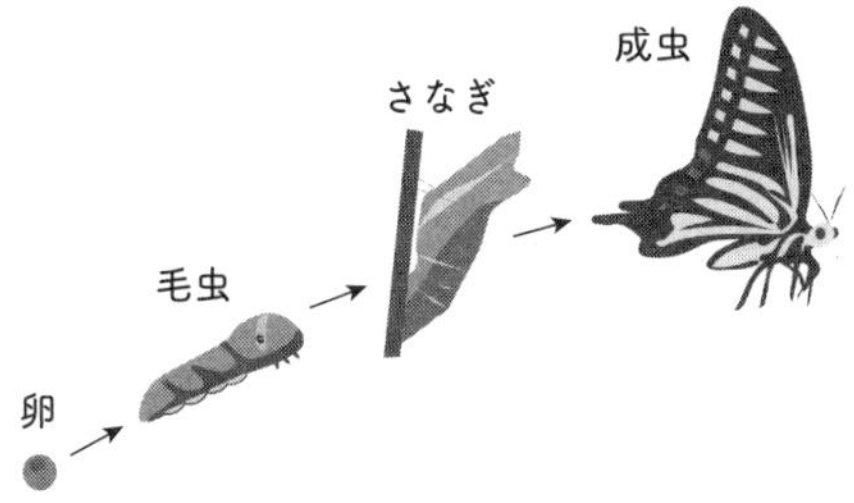

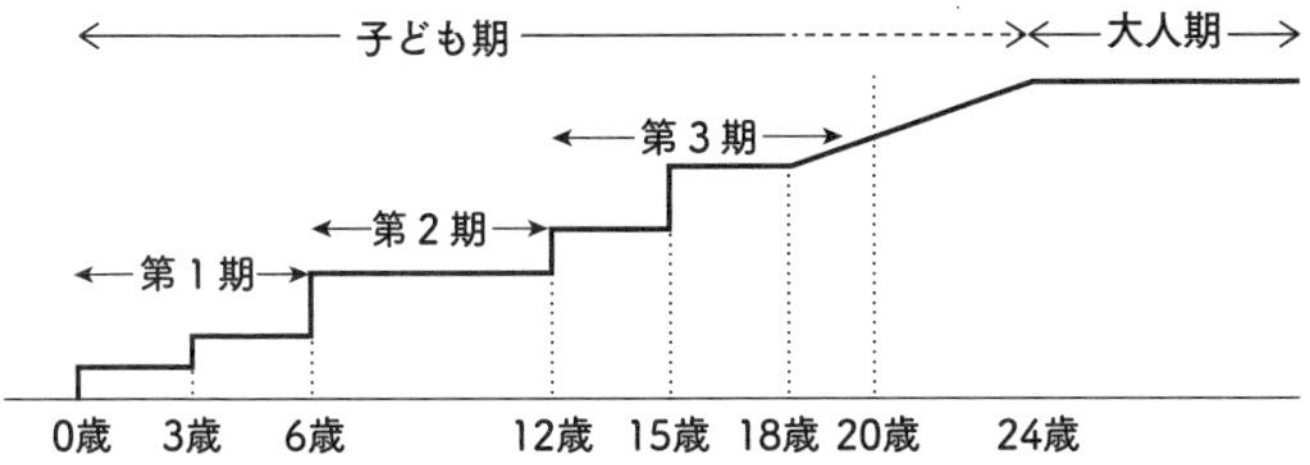

相良敦子著『モンテッソーリ教育①　モンテッソーリ教育の理論概説――理論と実践』（学習研究社）をもとに作成

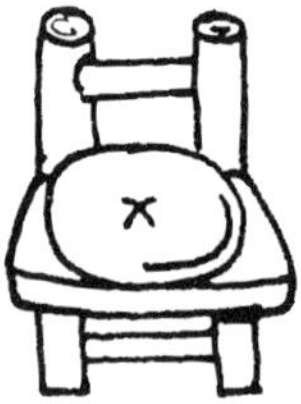

III

子どもの見方・援《たす》け方

子どもと向きあう

モンテッソーリ教育との出会い

私が幼児教育に興味をもって、かかわりだしてから四十五年がたちます。はじめてわが子を集団に入れようと考えたのは、娘が一歳八か月のときでした。それは新聞に入っていたチラシがきっかけでした。その園を訪ねてみますと、十六坪ほどの小さな園でした。子どもサイズのアーチ型のドアやキッチンがあり、室内が清潔なことが気に入って、娘を入園させることとしました。ところが娘にとっては、はじめての社会。家庭で母親と過ごすのとは違う環境に、私と離れるのをいやがり、いつも泣いていました。あまり長く泣きつづけているので、園長さんに「しばらくいっしょにいてください」と提案されました。それから半年間、はじめはしぶしぶ、保育室の隅で過ごすことになりました。

けれどもいっしょにいると、子どもたちが日々変化していく姿が見えるようになりました。それまでの私は、幼児はお世話される存在と思っていたのです。ところが、二、三歳の幼児でも、ひとりで牛乳をコップに注いだり、野菜を本物の包丁で切ったりする姿から、お世話してほしいのではなく、自分でやりたい、できるようになりたいと思っていることに気づかされたのです。同時に、子どもがひとりでできるように援助している教師の姿にあこがれ、幼児教育にたずさわってみたいと思うようになりました。

娘をとおして知った幼児教育の世界に魅せられ、モンテッソーリ教育に出会いました。モンテッソーリ女史の子どもから学ぶ姿勢に共感し、モンテッソーリ教師をめざすことになりました。

いま、実践者としてのいちばんの喜びは、子どもが変わる瞬間を目撃できることです。日々の保育のなかで子どもから学んだことのほんの一部ですが、これから紹介していきます。

この人はわかってくれる

保育士になって、娘の通っていた園で週に二日ほどお手伝いをしていたころのことです。二、三歳の幼児がはじめて集団のなかに入るときに、たいがいの子どもは母親と離れることに不安をもって泣きます。不安な気持ちをとりのぞき、泣くのをやめ、気分を変えて楽しんでもらうには「あ、車が来たね」「あ、あれ、何かな？」などと、子どもの気を母親からそらすことだと思っていました。

ところが、あるとき、抱いていた子に「ママに会いたいね、ママ迎えにくるからね」と語りかけると、かたく反っていた体がやわらかくなり、私に体を寄せてきたのです。このとき、子どもは、自分の思っていることをこの人はわかってくれる、理解者なのだと思えただけで、こんなに信頼してくれるのだということに気づいたのでした。

大人に対しては、相手の気持ちを知ろうと、相手の話に耳を傾けながら過ごしているのに、小さな子どもに対しては、まるで反対の行動をとっていました。

子どもは気持ちをわかってほしい、真実を知らせてほしいと泣いたり、ぐずったり、怒ったりして、私に気持ちを伝えてくれていたのです。そのときの気づきを、いまでも鮮明に覚えています。能動的に聞くことが、子どもの気持ちに共感し、信頼を得る第一歩だったのです。

おんなじ、おんなじ

ある日のたんぽぽ子供の家でのことです。三歳になったばかりの裕也くんが洗濯バサミを留める作業をしていました。円形の台紙にまるく描かれた数色の印があり、洗濯バサミにもそれと同じ色のついた印がついています。裕也くんは洗濯バサミと円形の台紙の色を対にして留めはじめました。しかし、赤色のところで裕也くんの動きが止まってしまいました。それは、円形の台紙の色が退色していて洗濯バサミの色と同じではなかったために、洗濯バサミを留められずにいたのでした。

　じっと動かないでいる裕也くんのようすから、わずかな色の違いにとまどっていることに気づいた由美子先生が、円形の台紙に新しい赤いシールを貼りなおすと、裕也くんは赤い印のついた洗濯バサミと台紙の赤色を対にし、にこりと笑顔を見せ、その作業を終わりにしたそうです。

　裕也くんにとって、色がぴったり同じでないものどうしを対にすることに違和感があったのでしょう。それは、わずかな色の違いを感じたからです。このことから由美子先生は、正確さを愛する幼児の特質と、正確な環境を用意する大切さを学びました。

子どもをていねいに見る

夏休み明けに香織ちゃんのお母さんから、「夏休みのたわいもない出来事をひとつ紹介します」とお便りが届きました。

夏休み中に、知人から絵の具セットをいただき、子どもたちはすっかり絵の具遊びにハマッテいます。絵の具、パレット、筆、水入れ、手拭きをトレーにのせて棚に置き、いつでも好きなときに、絵の具遊びができるようにセットしました。

いつものように香織が絵の具の準備をしていると、最近姉の香織することをなんでもまねしたがる、一歳六か月の弟の守がかぎつけて近づいていきました。そして水入れに手を突っこみ、バシャとこぼしてしまいました。

私がどうするのかなと見ていると、香織は手拭きでこぼれた水を拭きとり、

私に守を見ているように言いました。それでしかたなく私は守と、ふすまを締めきって隣の部屋で遊ぶことにしました。しかし、守は香織のところに行きたいと泣き叫びます。

　すると隣の部屋から「わかった」という声がしたかと思うと、ふすまを開けて香織が言いました。「いいこと思いついたんだけど、もうひとつ筆と紙を持ってきて、守にやらせればいいいんだよ」。いつもけんかばかりしているのに、と私は驚きました。香織に言われたように筆を渡すと、守はニコニコしてなぐり書きをはじめました。香織は弟の気持ちをわかり、考えてあげられるやさしい姉に成長していたのです。

　後日お母さんは、こんなお話をしてくれました。

「泣き叫ぶ弟を見て、自分と同じことがしたいという気持ちに気づけた娘に感動するとともに、小さい子どもにはまだできない、と決めつけてしまった自分をはずかしく思いました。守は筆を握ると、香織の筆使いをじっと見つめ、ゆっくりと自分の筆を動かし、大きな白い紙にひょろひょろと描かれていく線を見つめ、とても満足そうにしていました。香織もまた、そんな弟の姿を見てうれしそうでした。そのときのふたりの表情を見てはっとし、以前に先生から聞いた話を思い出しました。それは、香織が年上の子どものしているお仕事をよく見ていること、そしてそのお仕事を選んでいることがあるというものです。そのような経験から、やってみたいという弟の気持ちをわかってあげられたのかもしれません」

泣いている気持ちをわかってあげて、ことばにしてあげるだけで子どもが落ち着くこと。同じものを対にすることに敏感な裕也くんが、わずかな違いにとまどう姿に気づき、同じものを用意した由美子先生。小さな子どもにはまだできない、と決めつけていたことに気づいたお母さん。

子どもとていねいに向きあうと、やりたいこと、困っているところが見えてきます。そこをサポートしてあげると、子どもは「できた！」の体験をします。そのことに気づいた大人は、子育てがいっそう楽しく思えるようになるのではないでしょうか。

こころの基地になる

母の思い出

私の母は、足が弱って車椅子を使っていましたが、これといって大きな病気もせずに、二〇一一年十二月にロウソクの火が消えるように九十六歳の生を全うしました。

母は、女手ひとつで、六人の子どもを育てました。ただただ忙しそうに朝から晩まで働いていた母でしたが、私には忘れられない思い出があります。

冬の夜、銭湯の帰りに母におんぶされて月や星を眺めるのが好きでした。寒い夜は、小学校の六年生まで抱いて寝てもらいました。自分の衣類を整理するたんすがほしくって、ダンボールにきれいな紙を貼り、観音開きのたんすをつくったとき、「浅子はすごいね」とほめてくれました。私は、おいしいものは最初に食べてしまいます。もっと食べたそうな目をしていたのでしょう。母は自分が食べなくても私に分けてくれました。

末っ子の私を兄姉もかわいがってくれたのです。十歳違いの二番目の姉は、母の留守のあいだ、日々の生活の面倒をみてくれて、毎晩「かちかち山」「桃太郎」「うさぎとかめ」など昔ばなしを読んでくれ、まるで母親がもうひとりいるようでした。

私は母や兄姉に愛されていることをいつも感じながら育ちました。その実感が私の「こころの基地」だったのでしょう。さしたる不満もいだかず、ものごとを前向きにとらえていけるおめでたい性格のもとになったように思えます。

いのちの講座

毎年卒園が近づくころに、小学校に子どもたちを送りだす準備のひとつとして、助産師さんを招いて「いのちの講座」を開いています。

「いのちの講座」では、胎児のようすを知り、心音を聞き、子どもが模型の子宮に入り、産道を通って出てくる陣痛体験をとおして、お母さんも子どももがんばって生まれてきた体験を親子で共有します。子どもは、自分が大切な存在であることに気づき、母親は、誕生時へのふり返りをとおして子どもとの関係の原点にもどり、親子関係を見つめなおす機会にしています。

「いのちの講座」は助産師さんのこんな声かけからはじまります。

「みんな、いのちってなんだろね。いのちがある人？」

「はい！　はい！」と元気よく子どもの手が上がります。

「いのちがあるって、生きていることだね。バッタにもいのちがありますか。バッタもいのちがあると、飛んだり跳ねたり、ウンチをしたりします。いのちがなくなると、死んでしまいます。今日はいのちがどんなふうにはじまって、大きくなるのか勉強しましょう」

助産師さんをじっと見つめる四十六の瞳、その後ろに二十三人の母親がほほえんでいます。

「これが受精卵の大きさよ」――黒いラシャ紙に木綿針の先ほどの大きさの穴が開

いています。その穴を光のほうにかざして見てみると、あまりの小ささにびっくり、「人間って卵なのだ！」と驚いていました。

子宮というお母さんのおなかの袋のなかで十か月過ごすこと。おなかのなかの三か月の赤ちゃんは手のひらにのるぐらい小さいこと。六か月ぐらいになると指しゃぶりをし、羊水を飲み、おしっこをして、お母さんのおなかのなかで、生まれたあとに自分で生きていくための準備をしているのだと教えてもらいました。

子どもたちは自分がどのように生を受け、おなかのなかでどんなに一生懸命に生きていたかを知りました。母親たちは子宮で育てた時期や出産の感動を思い返しているのでしょう。模型の小さな赤ちゃんを抱いたときは、だれもがやさしい穏やかな顔をしていました。

後日、咲江ちゃんのお母さんからお手紙が届きました。

咲江は照れながらも、生まれてきたことへの喜びの気持ちをもったようです。「自分は大切な存在だ」と、感じてくれたようです。私自身は、講座後にほかのお母さん方と出産直後のエピソードや思いをシェアでき、「咲江ちゃん、生まれてきてくれてありがとう」の気持ちを思い出し、ほんとうにいい時間を過ごしました。そして助産師さんから「帝王切開で出産した方は、手術を決断した勇気に子どもは感謝してくれますよ」と言っていただき、普通分娩でなかったことが気になっていたので、とても気持ちがらくになりました。

　家に帰ってから咲江とアルバムを開いて、おなかのなかの写真を見ながら、「お母さんは、咲江を生むときにおなかを切ったの。だから手術したあと二時間ぐらい眠ってしまったの。目が覚めたとき咲江が隣にいて、やっと会えたと思ってすごくうれしかったよ」と話しました。すると翌日、咲江が絵と手紙をプレゼントしてくれました。その手紙には、「うんでくれてありがとう」と、ひときわ大きく書かれていました。咲江が人を思いやれるように成長したことがうれしくて、涙があふれました。

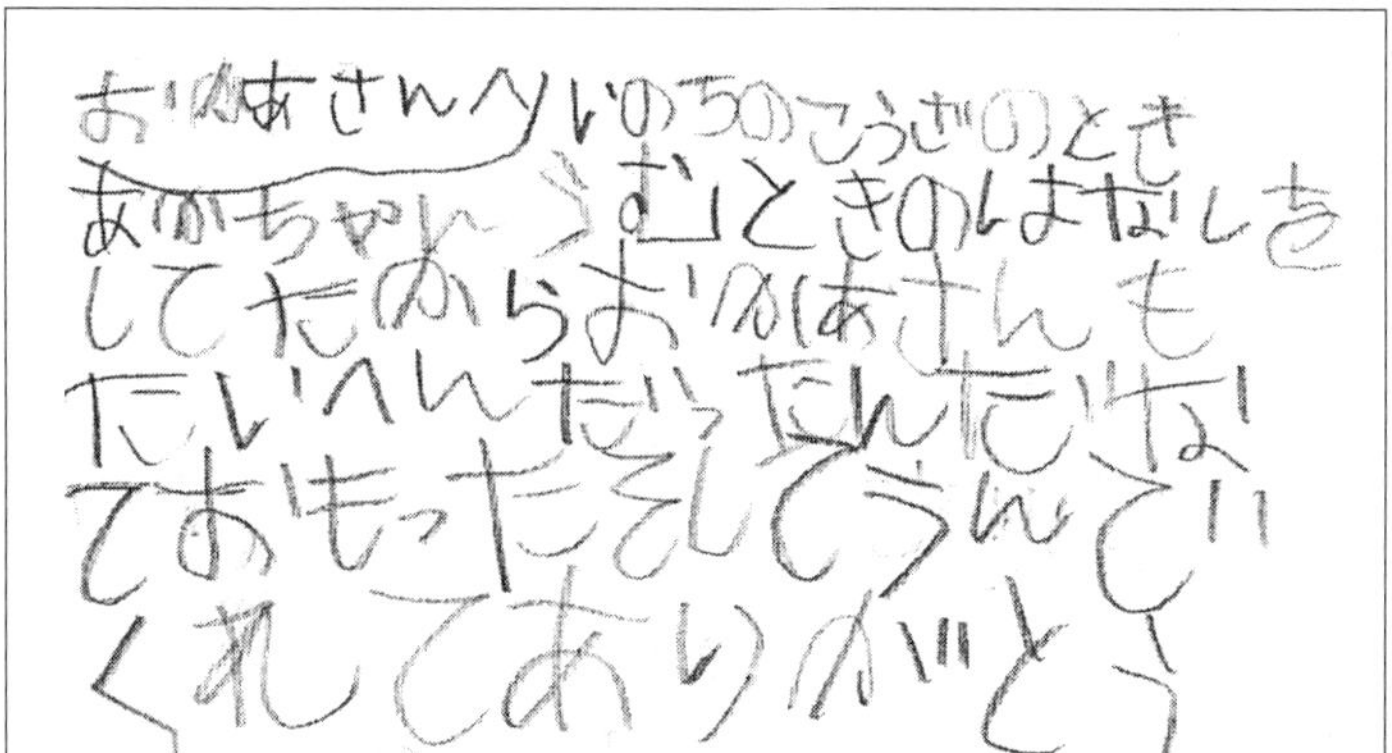
おかあさんへ いのちのこうざのとき
あかちゃんうむときのはなしを
してたからおかあさんも
たいへんだったんだな
ておもったそしてうんで
くれてありがとう

徹くんが変わった

徹くんは二歳半で子供の家に入園し、六か月がたったそのころから野菜の皮むきを好んでするようになりました。あるとき、徹くんがニンジンの皮むきを途中にして、きゅうりの皮をむこうとしていました。「徹くん、ニンジンを片づけてから、きゅうりの皮をむきましょう」と言うと、「わぁー」と大声を上げて泣きだし、落ち着くのに一時間ほどかかりました。

帰りにお母さんに大泣きしたことをお話しすると、家でも同じようなことがあり、困っているとのことでした。私は、「年子の妹さんに手がかかるでしょうが、徹くんとふたりで過ごせる時間を一日に五分でも十分でもつくることができますか。なんとかつくってみてください」とお願いしました。すると、すぐに実行してくれて、こんな報告をしてくれました。

お母さんはお父さんとお話しして、徹くんとゆっくり過ごす時間をもう少しもつようにして、ときどきはふたりで出かける機会をつくっていこうということにしたそうです。さっそく日曜日に自転車でお出かけしたところ、徹くんは、ずっとにこにこおしゃべりしながら遊び、お母さんも楽しい時間が過ごせたそうです。

つぎの週の徹くんは、新幹線のシール貼りの作業に集中し、「できた！」と満足そうな顔。その日は野菜の皮むきの作業のあとでも、「片づけましょうね」の教師のことばに、素直に道具を片づけていました。

お母さんの力ってすごいと思った出来事でした。子どもは愛されていると感じると、こんなにも前向きになれる。お母さんは子どもにとって恋人のような存在ではないでしょうか。私は、母親が子どもにこころを寄せるようになると、魔法のように子どもが変わる姿をいままで何度も目にしてきました。

その後、徹くんのお母さんからこんなお便りが届きました。

今回先生方とゆっくりお話しさせていただいて、忙しさや下の子のことを言い訳にしていた自分を見直すことができました。自分で自分のことをできるようにするためには、つき放す（少しオーバーですが）のではなく、徹に寄り添って目を向けていくことがほんとうの自立につながるのだと実感しました。わが家でも変化が見られ、泣いて我を通そうとする姿が減り、妹に対しても手が出ることが少なくなりました。

最近はおうちのことをいっしょにやる機会が増え、卵の殻が割れるようになったり、自分でごはんを炊くことで食事の量が増えたり、成長を感じ、うれしく思っています。

大人になるまでの長い時間のなかで、これからもさまざまな困難にぶつかり、迷うことも多いと思います。そのときに少し手を止めて考えていけるような親になりたいと思います。

そして、六か月が過ぎた二月のことです。徹くんの足がお友だちのテーブルにひっかかり、ペンケースごと色鉛筆をガシャンと床に落としてしまいました。徹くんはすぐに散乱した色鉛筆を拾い、ペンケースにもどしはじめました。まわりの子どもたちも気づいていっしょに拾ってくれましたが、徹くんは最後まで拾ってペンケースに収めました。六か月前に我を通そうと大泣きしていた徹くんとは別人です。私は彼の成長ぶりがまぶしく思えました。

一人ひとり、こころの基地をもって

子どもは日々、興味や関心のあることを自分で選び、集中しておこない、満足感や達成感を体験し、自分に自信をもってさらなる挑戦をしていきます。このサイクルをくり返すことで自立に向かうことができます。それを支えるのが大人です。

「ひとりでできるようになりたい！　知りたい！」という子どもが生まれながらにもっている自立したいという願いを実現できるのは、自分を支えてくれる人がいるからです。

郵 便 ハ ガ キ

料金受取人払郵便

本郷局承認

3258

差出有効期間
2021年
2月20日まで

1 1 3 8 7 9 0

（受取人）

東京都文京区本郷3-4-3-8F

太郎次郎社エディタス行

●ご購読ありがとうございました。このカードは、小社の今後の刊行計画および新刊等の
ご案内に役だたせていただきます。ご記入のうえ、投函ください。　案内を希望しない→□

〒

ご住所

お名前

☎

E-mail　　　　男・女　　　　歳

ご職業（勤務先・在学校名など）

ご購読の新聞	ご購読の雑誌

本書をお買い求めの書店	よくご利用になる書店
市区 町村　　書店	市区 町村　　書店

お寄せいただいた情報は、個人情報保護法に則り、弊社が責任を持って管理します

書名 [ ]

●―この本について、あなたのご意見、ご感想を。

お寄せいただいたご意見・ご感想を当社のウェブサイトなどに、一部掲載させて

いただいてよろしいでしょうか?　(可　匿名で可　不可)

この本をお求めになったきっかけは?

●広告を見て　●書店で見て　●ウェブサイトを見て

●書評を見て　●DMを見て　●その他　よろしければ誌名、店名をお知らせください。

☆小社の出版案内を送りたい友人・知人をご紹介ください。

おなまえ《ふりがな》

ご住所

〒

咲江ちゃんは「いのちの講座」で自分は大切な存在であることを感じ、お母さんが咲江ちゃんを生むときたいへんだったことを知りました。徹くんはお母さんと少しの時間でも深くかかわり、愛されている実感がもてるようになると、妹やまわりのお友だちにもやさしくできるようになりました。

信頼している人に受け入れられ、愛されていることを実感している子どもは、物事を肯定的にとらえ、自分から前に進んでいけるようです。

母は晩年、三番目の姉とふたりで暮らしていました。姉が買いものなどで家を留守にすると、不安そうな目をしますが、姉が帰ってきたのを見ると、ぴかっと目が光るのです。母親と離れて不安そうにしている幼児が、母親を見つけたときに見せる目の光と同じでした。私はその目を見たとき、いまの母にとって姉が「こころの基地」なんだなぁと思いました。

「こころの基地」は年齢・環境によって一人ひとり違っていることでしょう。でもいくつになっても、どんな環境でも「こころの基地」をもって生きてゆきたいし、だれかの「こころの基地」でもありたいものです。

モンテッソーリ教育

モンテッソーリ教育は、イタリア人のマリア・モンテッソーリ（一八七〇―一九五二）によって提唱された教育法です。彼女はローマ大学医学部を卒業した最初の女性で、卒業後、大学付属の精神病院の助手になりました。

彼女が知恵遅れの子どもたちの保護施設を訪ねたときのことです。子どもたちの世話をしている女性が、「ここにいる子はほんとうにいやしいのです。食事が終わると、床の上をはいずり回って汚いパン屑を拾うのですよ」と言いました。見れば、そこには触れるものも、感じるものも、手を使うものも、遊び道具もありません。子どもたちは何もすることがなかったのです。科学者であるモンテッソーリは、子どもたちを観察して「この子たちは手を使いたいから、パン屑を拾うのだ」と考えました。

その後、モンテッソーリは知恵遅れの子どもたちの教育にたずさわり、そのための教具・教材をくふうしました。その教具・教材によって子どもたちは目覚ましい発達をとげました。これがモンテッソーリ教育のはじまりです。さらに、ローマのスラム街の「子どもの家」の監督を依頼され、健常児にもこの教育方法を実践しました。モンテッソーリ教育の目的は、子どもの自立と人格形成、そして、その結果としての平和な世界の実現です。

マリア・モンテッソーリ

では、自立した子どもたちはどのように育っていくのでしょうか。赤ちゃんは、だれが教えるわけでもないのにハイハイをはじめ、つぎには立ちあがり、歩こうとします。こうして自分で自立に向かって成長していく力をモンテッソーリは「自己教育力」と呼びました。

モンテッソーリ教育を実践する教師の仕事は、この「自己教育力」を援助することです。そのために、子どもの「敏感期」にあった環境を用意し、子どもが自分の興味関心をもつ仕事を自由に選べるようにします。すると、子どもはその仕事に集中し、くり返すことで、達成感を味わい、自信を得て、自立に向かいます。このサイクルを何回もくり返すうちに、円満な人格を形成していくのです。

モンテッソーリは「世界には、戦争ではなく平和をつくる教育が必要です」と訴えつづけました。私は、平和な世界は自立した子どもたちによって、未来に実現すると思っていました。

あるとき、すべての子どもたちが、お仕事に集中し、子どもどうしで助けあい、争いごともなく、静かな時間が流れ、教室のなかは、安らぎと親密さ、愛情に包まれていました。そのとき、私ははっとしました。六歳は六歳なりの自立をし、平和な世界をつくっていることに気づいたのです。幼児期の日々の積みかさねが、自立に向かわせ、他者を尊重し、平和に暮らしていける礎をつくっていくのだと思いました。

子どもも大人もともに育つ

子育てが楽しくなった！

個人面談のときに、二歳五か月の美奈ちゃんのお母さんが、「子どもがいま何をしたいのかがわかるようになって、子育てが楽しくなったのです！」と、うれしそうにこんなお話をしてくれました。

「美奈が、障子の向こう側で、長いあいだひとりで遊んでいました。めずらしいことなのでのぞいてみると、畳の縁《へり》に織りこまれたひし形の模様にあわせて、シールを三十枚ほど貼っていたのです。

私は、美奈が畳の模様にあわせてシールを貼りたかったのだなとわかり、貼ることに集中している姿がうれしくて、貼りおえるのをこっそり見守っていました。

シールを貼りおわるのを見届けてから、『いっぱい貼れたね。これぜんぶ美奈ちゃんが貼ったの？』と聞くと、『うん。これぜんぶ美奈ちゃんが貼ったの』と、とてもうれしそうに答えてくれました。

最近、美奈は家でおもちゃやビーズを一列に並べたり、『たんぽぽ』ではシール貼りをしていることを思い出し、紙に○印を書いて、それを渡しながら『シールは紙に貼って』と言いました。美奈はまた、長い時間をかけて、黙々と畳のシールをはがして、紙の○印のところにシールを貼りだし、貼りおえると『できた！』とうれしそうに見せてくれました。それ以来、シールは紙に貼るようになりました。私は、子どもを見ていて、子どもが何をしたいのかがわかり、子育てが少しらくになりました。長男のときには気づけなかったことが、子育て六年目にしてやっと気づけるようになり、自分も少し成長しているのかなぁとうれしくなりました」

お泊まり会へようこそ

毎年夏に、年長児と年少児が、船橋市の施設で安政五年（一八五九年）に建てられた古い民家「さざんかの家」を借りて一泊二日の「お泊まり会」をしています。その家のまわりは森と梨畑に囲まれています。セミがジージーと途切れることなく鳴き、アキアカネが飛び、バッタが飛びはね、虫が大好きな子どもにとっては、興味津々の場所です。この合宿のお手伝いを、卒園生の小学四年生にお願いしています。八名ほどの小学生は、幼児を気持ちよく迎えるために、さざんかの家の大掃除からはじめます。

なにしろ古い民家ですから、いつものような便利な生活が送れる場所ではありません。トイレは家の外にあり、和式の簡易式水洗トイレ。流し台はもちろん外。シャワー室はあってもシャワーなし。雨戸はあってもすきまだらけ。ないないづくしのようですが、くふうしだいで楽しい合宿になります。

楽しく過ごすには、大人はけっして不便、困った、やだなぁは言わない。とにかく子どもがひとりでできるようにくふうする。たとえば、シャワーがない。でも夏のことですから汗は流したい。う〜ん、「かけ湯」をしよう。そうと決めたらバケツ、お鍋、洗面器、やかん……、ありとあらゆるものを総動員して、お湯を溜めて、かけ湯をして、汗を流すことができます。小学生が幼児にやさしく柄杓《ひしゃく》でお湯をかけている姿は、やんちゃ坊主返上です。「お風呂に入れないでいやだな」ではなく、かけ湯をしてもらって「ああ、気持ちよかった」「なんか楽しい」と言える前向きな気持ち。そんな世界を楽しむ合宿は小学生にとってもうれしい経験のようです。

幼児がお布団を持って駐車場に到着すると、小学生は七十メートルほど離れた駐車場まで走って迎えにいって、布団を担いで持ってきてくれます。額には汗が流れ、その働きぶ

小学生のお兄さんに虫の捕まえ方を教わる

りはきびきびとして美しいとすら思います。幼児の親御さんに「ありがとう」と声をかけてもらって、ますます張り切る小学生。

お泊まり保育のあいだ、泣いている子がいれば、「悲しいね、だいじょうぶだよ」と共感し、トンボを捕まえたい子がいれば、「こうやって捕まえるんだよ」と捕まえ方を見せてあげる。食器洗いに、かけ湯のお世話。暗闇探検では、自分自身もこわかったでしょうに、幼児の手をしっかり握って歩いてくれる。幼児も小学生の活躍ぶりに「ぼくも四年生になったらスタッフになりたいなあ」とかならず言います。

異年齢のなかでは、「できた、できな

い」という競争心より、教える、助けあう、お手伝いをするなど、役に立っている、必要とされている自分に喜びを見出していきます。

もちろんけんかになることもあります。しかし、五、六歳児も少し歳の離れた二、三歳児に対しては、やさしく受け入れようとします。そして二、三歳児はお姉さんお兄さんを信頼し、かれらの行動を模倣します。年齢の幅が広ければ、その場にやわらかな空気が流れ、多様な役割が生まれ、人とのつながり方を学び、安心して穏やかに暮らせます。

私は、異年齢集団から生まれる寛容な空気と、そのなかで学びあう心地よさを日々感じています。

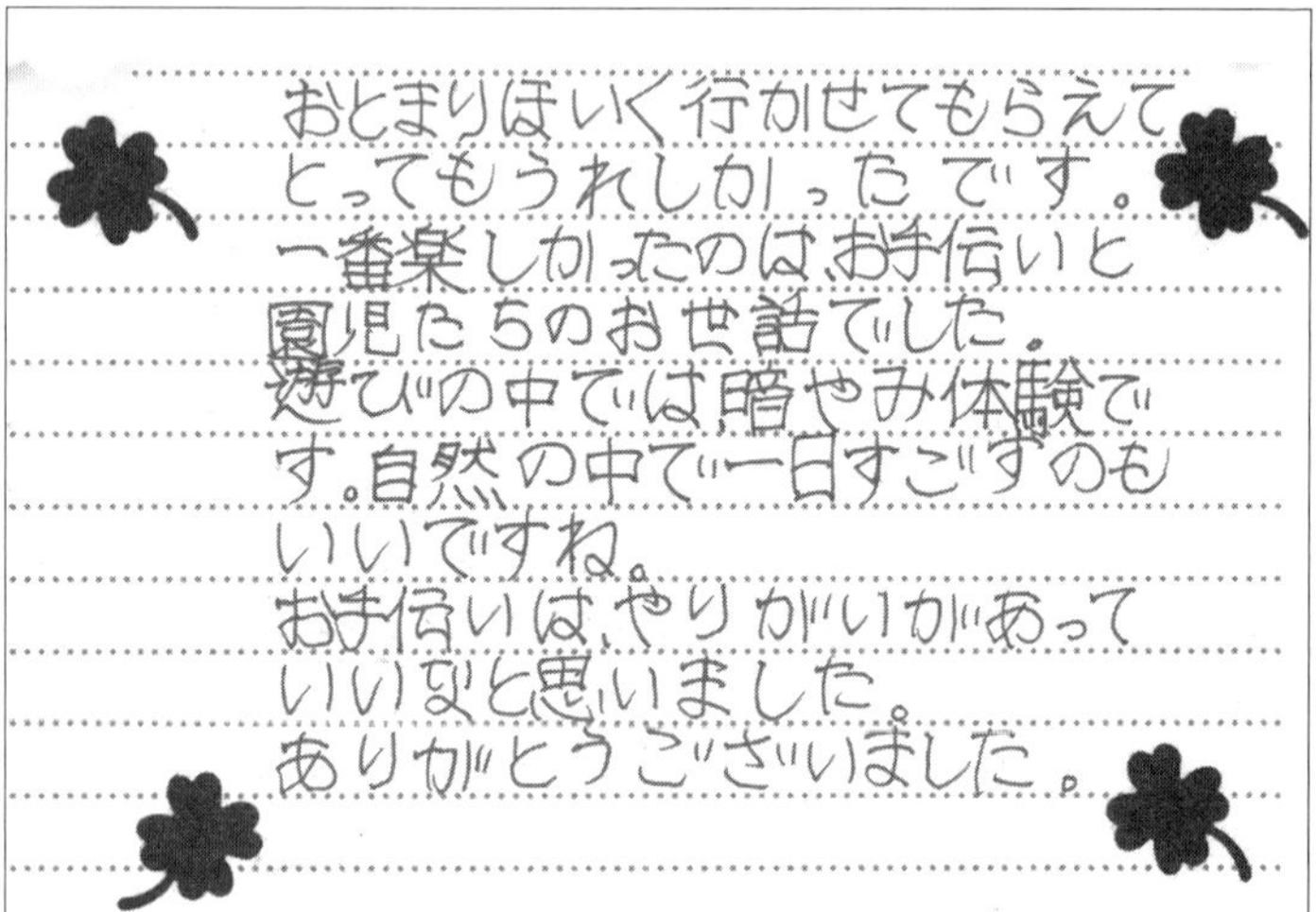
おとまりほいく行かせてもらえて
とってもうれしかったです。
一番楽しかったのは、お手伝いと
園児たちのおせ話でした。
遊びの中では暗やみ体験で
す。自然の中で一日すごすのも
いいですね。
お手伝いは、やりがいがあって
いいなと思いました。
ありがとうございました。

お手伝いとして参加した桃子ちゃんの手紙

蓮くんの虫かご修理

昨夏のお泊まり保育でのことです。蓮くんが、虫かごのふたをなくして困っているお友だちを援けてくれました。

康平くんが虫捕りに夢中になり、虫かごのふたをうっかりなくしたようです。年長児の蓮くんが息をきらして駆けてきて「先生、セロテープください」と言うのです。「はい、どうぞ。文具のところにありますよ」と答えると、「セロテープをぜんぶの指につけてもいい？」と聞くので、「いいわよ」と答ながら、何をしたいのか見てみました。虫かごのふたがわりに太さ五ミリ前後の小枝が一列にきれいに並べられていました。

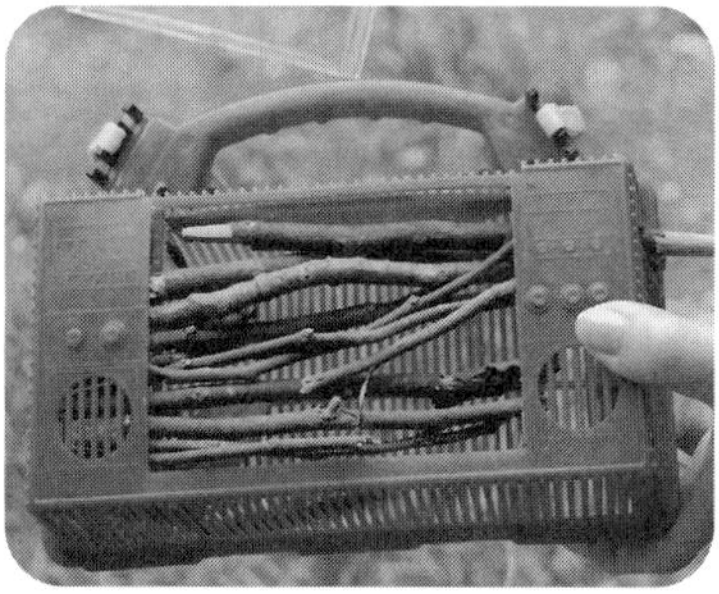

小枝でふたをした虫かご

はは〜ん、この枝をセロテープで止めたいのだということがわかりました。

「こんなこと考えて、すごい！　すてきだね」と言いながら、あまりに緻密な手仕事に、虫かごをカメラに収めているときでした。後ろから、「ふたが落ちていたよ」と声がしました。すると、たちまち小枝は抜かれ、落ちていたふたが差しこまれました。私が蓮くんのその手仕事に感心していると、浩子先生が「一時間ほどずっと修理していたのですよ」と教えてくれました。

ふたが見つかれば自分の手仕事を惜しげなく壊し、なにごともなかったように遊びだしている。なんと潔いことでしょう。さわやかな風が吹きぬけたお泊まり会でのワンシーンでした。

お泊まり保育のあとに、康平くんのお母さんからお便りが届きました。


虫かごのふたの話を康平がしてくれました。蓮くんがふたをつくってくれてうれしかったと。そういうお友だちがいてうれしいのだと。そのことがとてもすばらしかったから、小川先生が写真を撮ったのだと。そのときの康平のうれしそうに話す穏やかな笑顔は、いままで見たこともないようなほほえみでした。

お泊まり保育のあと、弟に対して「眠れないの？　ぼくが本を読んであげようか。うちわであおいであげる」など、お泊まりでお兄さん、お姉さんから学んできた思いやりを実践しているようです。

子どもも親もつながる

お友だちを援けた蓮くん、援けられたことを喜んだ康平くん。そして康平くんはお泊まり保育の小学生スタッフ（四年生）の真似をして、弟にやさしく接しはじめました。見て学んでいるのでしょう。やさしさは、こうしてじっさいに体験しながら連鎖していきます。子どもは、シールを貼った美奈ちゃんのお母さんが気づいたように、どの子も多少の早い遅いはあっても、同じ道筋を通って成長していきます。

この道筋が見えてくると、大人は安心して子どもの意思を尊重しながら見守ることができます。畳にシールを貼ったことを責めることなく、貼りたい気持ちをわかってあげて、別の方法をていねいに伝えることができるようになります。子どもは意思を尊重されながら育てられると、自分に自信をもつことができます。

一方で、お母さんには子育てをいっしょに考えていける仲間がいました。美奈ちゃんが畳にシールを貼った出来事を友人たちに話すと、「おこらないでつきあってあげてえらいね」「そんな時期になったのね」「台紙をつくってあげたら美奈ちゃん満足したでしょう。よかったね」と言われたそうです。

幼児期は、人格のもとをつくっていく時期です。乳幼児の子どもを育てながら仕事をしているお母さんも多くなりましたが、私は子育て中のお母さん方にお願いしたいことがあります。幼児期をできるだけ子どもと過ごしてほしいのです。子どもをよく見て何をしたいのかを理解し、待つことを学んでほしいのです。そして、仲間とともに子どもを育て、「子育てが楽しくなった！」を実感してください。

そうすることで親も成長し、やがて迎える体もこころも大きく変化する思春期に、子どもと向きあっていけるタフなこころをもった親になるもとがつくられると思います。

ゆっくり親になる

すてきなお父さん

夏の日の夕方、仕事を終わらせて急いで駆けこんだ病院。最終受付にまにあい、ほっとひと息ついていすにかけると、前に五歳と三歳くらいの兄弟とお父さんが座っていました。お兄ちゃんはひとりで本を読んでいて、弟はお父さんの膝の上で本を読んでもらっています。耳を澄ますと、「アンパンマン」の絵本のようです。読みおわっても「もう一回」とくり返し読んでもらっていますが、お父さんは穏やかな声を変えることなく、また読みはじめました。なんだかすてきなお父さんだなあと思って、その親子を見ていました。

親子は「本田さん」と受付で呼ばれると、「本、片づけて」「なんでー」「もう終わったから」「うーん」。

するとお兄ちゃんが「スリッパ、ここに入れるの?」と片づけました。弟もお兄ちゃん

と同じように片づけようとしますが、スリッパを入れるかごは棚の上にあり、小さな弟には手が届きませんでした。そのようすを見ていたお父さんは「お父さんに抱っこして入れる？　それともお兄ちゃんに入れてもらう？」「お父さん！」。弟はお父さんに抱っこされてスリッパをかごに入れて、親子は帰っていきました。

　私が受付で会計をすませながら、「すてきなお父さんですね」と受付の方に話しかけると、「いい子に育ちますね」と彼女もニコニコしながら応えてくれました。病院の待合室での出来事でした。

すてきなお母さん

　翼くんがパズルをしていたときのことです。まだ途中だったのですが、「そろそろお風呂に入る時間よ」とお母さんは声をかけました。すると翼くんは「あと五個したら、明日の続きにする」と言って、五個をゆっくり考えながらやり、納得したようにパズルを眺めてから、部屋の隅に移し、お風呂に入りました。

「明日の続きにする」は、翼くんが最近よく口にすることばだそうです。お母さんは翼くんが、パズルなど完成できなかったときに、自分でくぎりを決めて続きができるようになってからは、とっても気持ちよさそうだと感じています。

子どもの声に耳を傾け、意思を尊重しているこのすてきなお母さんにも、自分はダメな親ではないかと思っていた時期がありました。そんな想いを綴ったお手紙です。

翼の姉の真紀が二歳児で入園したとき、子育て経験がある刈谷さんや津田さんの「子どもを観る目」があまりにもすばらしく、私には母親としての自信をなくした時期がありました。モンテッソーリの本を毎晩読み、知識を身につけなくてはと必死でした。

でもふり返ってみると、本からよりも、先生方や先輩ママの子どもへの接し方や、ことばのかけ方を日々観ていて大切なことを学び、少しずつ「子どもを観る目」が育っていったように思います。最近私がいちばん大切に感じていることは「ゆっくり子どもと向きあう」です。

翼くんのお母さんは不安だった時期を体験したこともあって、後輩ママさんにできるだけ声をかけていきたいと思っているそうです。翼くんのママは、いまではでんとした先輩ママさんです。

私はこのお便りを読んだとき、はっとしました。子育てが楽しく思えるようにママたちのお手伝いをしたいと考えながら提案し、説明していたことが、ときには不安な想いにさせてしまうことがある。翼くんのお母さんが「ゆっくり子どもと向きあう」ように、私も「ゆっくりお母さんたちと向きあう」教師でありたいと思いました。

自分のペースで学ぶ

美鈴ちゃんは、子供の家で二歳半から卒園まで足かけ四年間過ごしました。一つひとつの行動がとてもゆっくりしていた子どもです。美鈴ちゃんを観察していると、自分が納得してから行動し、物事にていねいにかかわっています。手間どっているようすのときに、教師が手伝ってあげようとすると、「みいちゃんがやる」とはっきり意志表示する自立した子でした。

美鈴ちゃんが一年生になって、たんぽぽ子供の家の小学部（P126参照）に通うようになった六月の授業でのことです。原子・分子の図に色を塗る作業をしている美鈴ちゃん

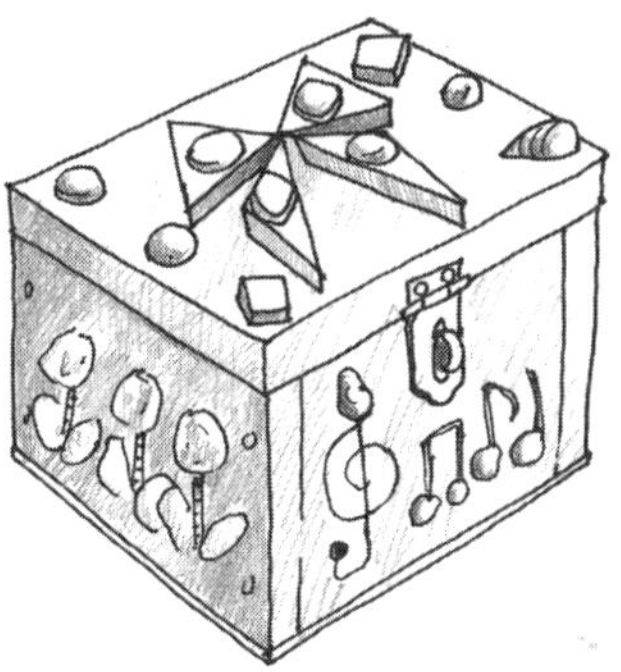

のようすが違っていました。

「美鈴ちゃん、すごく速く色が塗れるようになったのね」と声をかけると、「うん。学校ではこうやって塗らないと、遅くなるからね」と言うのです。へえー、そんなことを学んだのねと、ちょっとうれしくなりました。

その後、夏休みに小学部の授業で木工の「宝箱」をつくったときのことです。制作時間は三時間半くらいで、一年生から六年生までが思い思いにイメージを広げて、デザインして、宝箱を完成させました。

美鈴ちゃんの宝箱は、サンドペーパーで、それはそれは美しく磨かれていました。しかし時間切れとなり、デザインの材料は家に持ち帰ることにしました。

そのようすを見ていたお父さんから「美鈴はほんとうに遅くて、だいじょうぶですか」と質問され、「ええ、だいじょうぶですよ。美鈴ちゃんは自分の力でていねいにやっていきたい子ですから、だんだんに変わってきますよ」というようなことを話したように記憶しています。その日は宝箱を大切に抱えて、お父さんと帰っていきました。

そして一年が過ぎ、二年生の夏休みに「時計」の制作に挑戦。美鈴ちゃんはしばらく考えていましたが、どんどん自分のイメージをふくらませてつくりおえました。「美鈴ちゃん、この時計、すてきね。今年は完成させられたね」と声をかけると、満足そうな笑顔です。

美鈴ちゃんが自分のペースとまわりとの折りあいのつけ方を学んでいく姿に、成長していくことを信じて待つ大切さが身に沁みました。

美鈴ちゃんのお母さんは、「いまでも美鈴はゆっくりですが、性分だから、みなさんに迷惑かけるほどでは困るけれど、それ以外は待ってあげようと思っています」と、お話ししてくれました。

「なんだろう？　ノート」

悠矢くんは小学三年生。悠矢くんの「なんだろう？　ノート」には、寒い冬の朝の発見が書かれています。お母さんのワクワクした気持が伝わってくる手紙が届きました。

悠矢が、宿題はないのにテーブルにノートを広げて、なにやら書いています。

それには、『かんさつしたことNo.1 二月十九日（金）』と上に書かれてあり、その下にふたつの図がありました。ひとつは平面図で、側溝の格子のふたの図。もうひとつは断面図で、側溝の四方から水が流れている合流地点で、そこに「ゆげ」の絵が書かれていて、矢印で「つめたいゆげ（じょうはつした）」とコメントもありました。

息子に話を聞くと、その日はとっても寒い朝で登校時、道路脇にあった側溝がいつもと違っていたことに気づいたそうです。

そこにはこんなことが書かれていました。『思ったこと』「なんでつめたいのに、ゆげができるんだろう。ふつうは、あついときにでるのに、なんでだろう！」

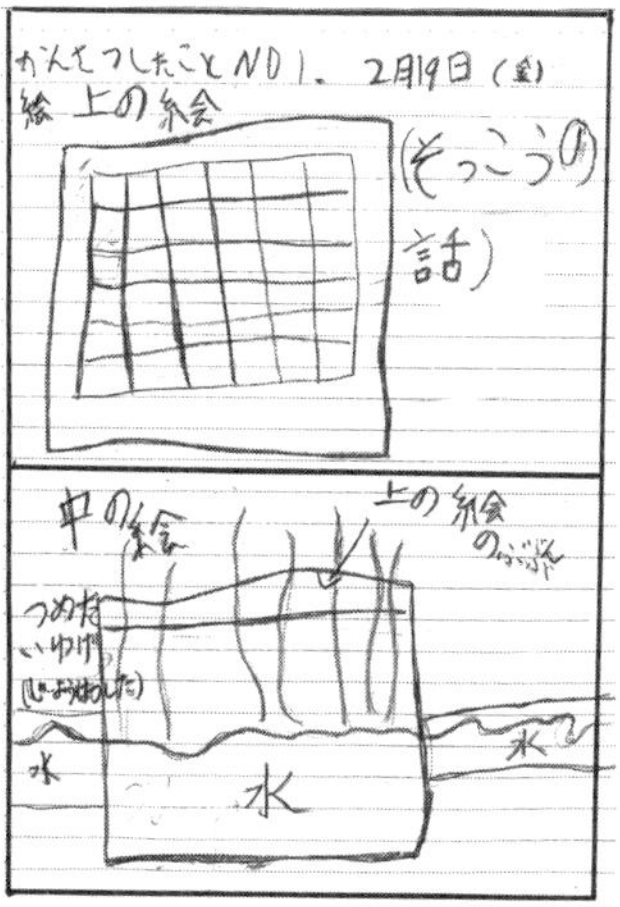

翌朝、私は「来週たんぽぽに平林先生（科学教師）が小学部に来るから聞いてみた

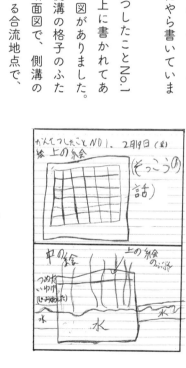

ら?」と、教えてあげようと思いつきました。しかし、「わからないこと」が「わかった!」ときの満足感を味わってほしいので、言わないことにしました。このままそっとしておきます。

お母さんは、悠矢くんにいつの日か「なんだろう?」が「わかった!」に変わるときが来ることを信じて、楽しみに待っているそうです。

待てる親になる

たとえば、牛乳をコップに注ぐのに、二、三歳児は大人の約八倍の時間がかかります。ついつい大人は、危なっかしい姿を見ていられずに、やってあげてしまいます。ところが、やり方をゆっくり見せてあげて、失敗してもしからずに、根気よく子どもができるようになるまでくり返し体験させてあげると、子どもは「ぼくは失敗することもあるけれど、できるようになる」と自信をもっていきます。

子どもにとって、待ってもらえることは安心につながります。パズルをあと五ピースしてからお風呂に入るという子どもの提案を受け入れたお母さん。ゆっくりだけど自分のペースで、まわりと折りあいをつけてゆくのを見守り、待ってあげているお母さん。「わかった」という満足感を味わってほしいから、すぐに答えを教えるより待つことを選んだお母さん。

こんなすてきなお母さんたちも、日々の忙しさにドタバタと過ごし、待てずに手を出してしまったり、怒ってしまったりして、「あ、またやってしまった」と自信をなくしたことがありました。先輩ママも同じようなことで悩んでいたことを知って安心し、身近な人とのなにげない会話のなかから子育てのヒントをもらい、勇気や希望がもてるようになり、少しずつ子育ての楽しさを感じることができたそうです。「ゆっくり子どもと向きあう」大切さを実感できるまでには、五、六年の歳月が必要だったようです。

子どもも大人も「待っているよ」と声をかけてもらうと安心し、自分の力を発揮できます。「待つ」ことは根気とエネルギーが必要です。「待つ」をキーワードにして、大人もゆっくりと「親」になっていけたらすてきですね。

小学部

日本には現在、モンテッソーリ教育をとり入れた私立の小学校がふたつあります。ヨーロッパやアメリカでは、小学校・中学校・高校で、私立学校にかぎらず公立校もあります。

たんぽぽ子供の家の小学部では、小学一年生から六年生までを対象に、学校とは違った縦割りの集団で、週一回、百二十分の授業をしています。モンテッソーリ教育の小学課程の算数は、加減乗除の演算、分数、平方根、初歩の代数や幾何などを教えるための美しい教材があり、それらの具体物を使って学んでいます。科学については、子供の家では仮説実験授業を実施しています（仮説実験授業の提唱者は板倉聖宣氏。小学部での仮説実験授業は出前教師の平林浩先生が担当してくれています）。

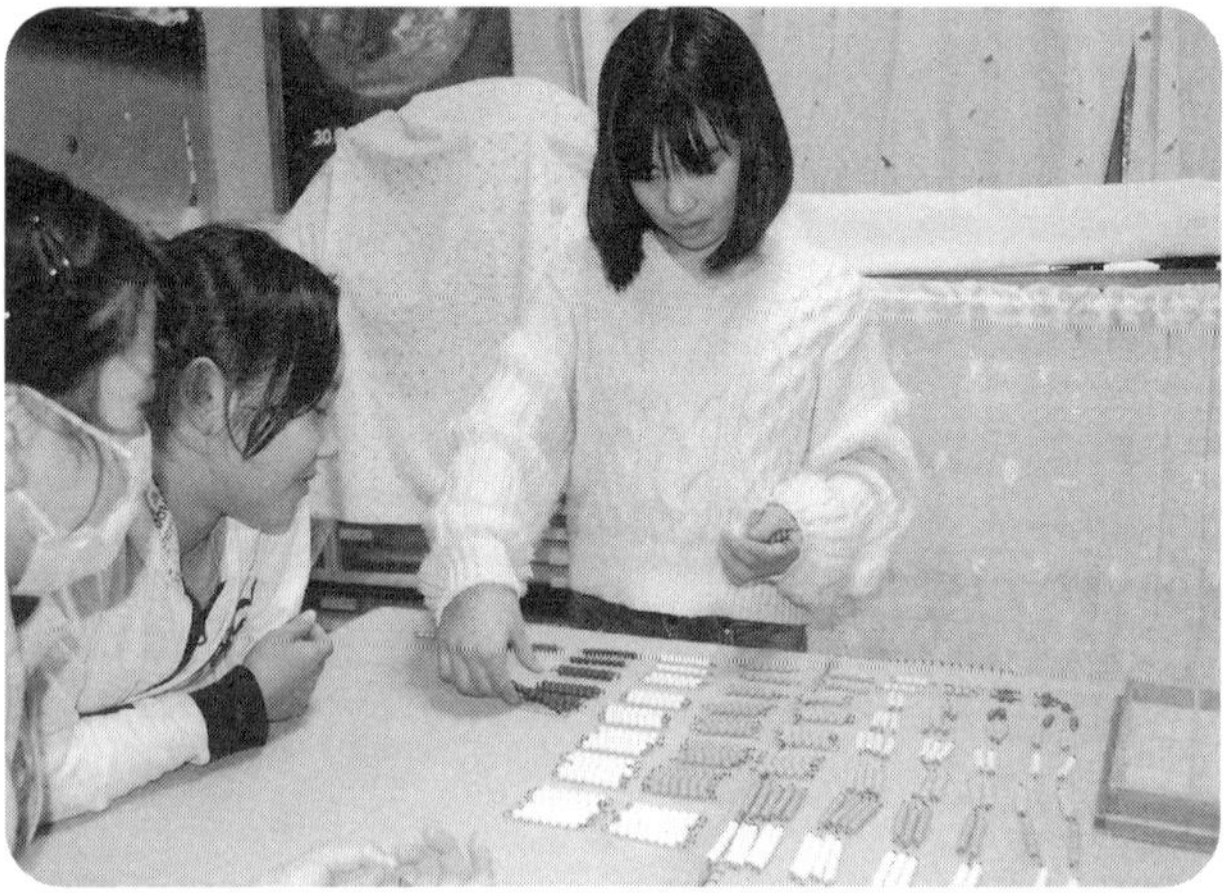

色ビーズで学ぶ小学生

たとえば、一＋二＋三＋四＋五＋六＋七＋八＋九＋十の平方について学ぶ十項式の授業では、色ビーズという美しい教具を使います。一×一＋一×二＋一×三……とかけ算をしながらビーズを並べ、正方形から立方体、さらに色の塔へとビーズを積みあげていくなかで、十項式の平方が、一から十までの立方を足していったものであることを感覚的に理解します。子どもたちは、「なんか法則が見えてきた！」「あれ、ピンクタワー（P209参照）と同じ塔になった」「なんだろうと思ったことがたくさんあったけど、謎が解けてうれしかった」「ビーズを並べたら、きれいで整理されていて気持ちよかった」などと気づき、数の法則性を確認しています。

色の塔（左）とピンクタワー

たんぽぽ子供の家。軒下の石琴を鳴らして１日がはじまる

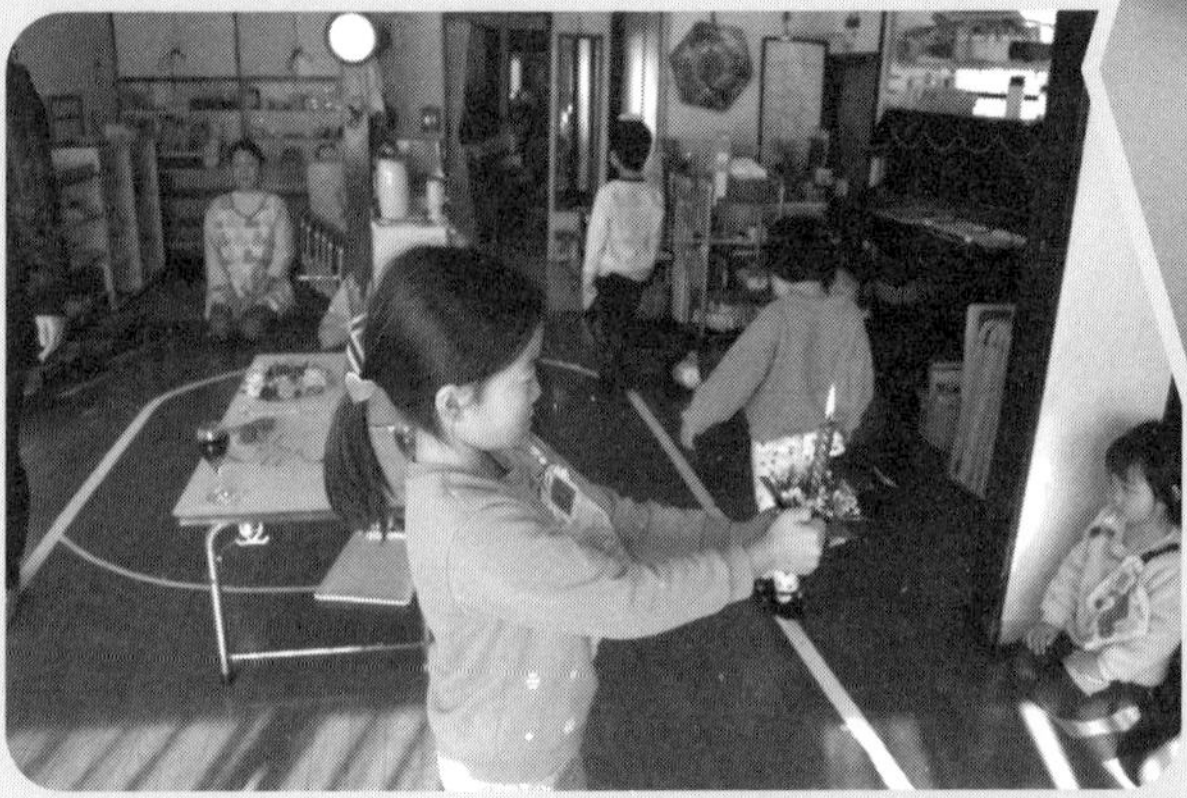

線上歩行。火をともした
ロウソクや色水の入った
グラスを持って、慎重に

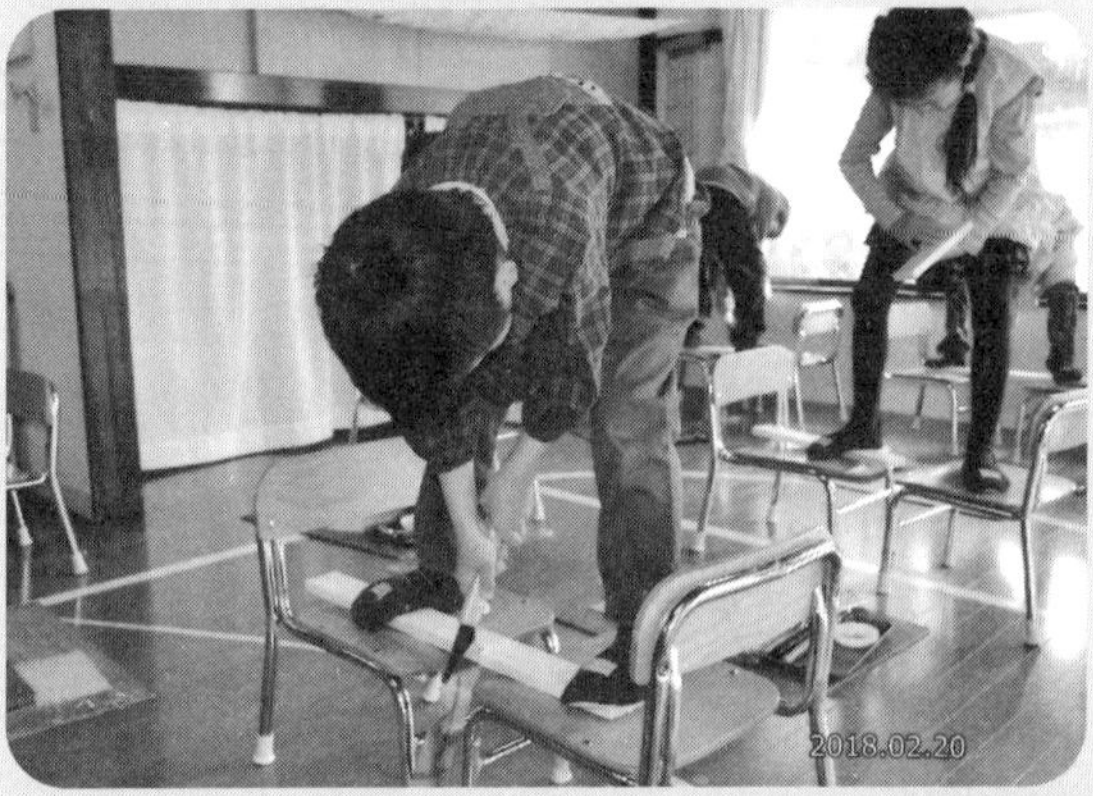

造形美術の授業。ノコギリ
だって使いこなせる

お仕事の時間。質問があるときは手を挙げて待つ

昼食のお当番。自分たちでつくった味噌汁をよそう

食器洗い。準備も片づけもひとりでできる

公園で外遊び。どんな虫がいるのかな？

IV

自然を観る、いのちに触れる

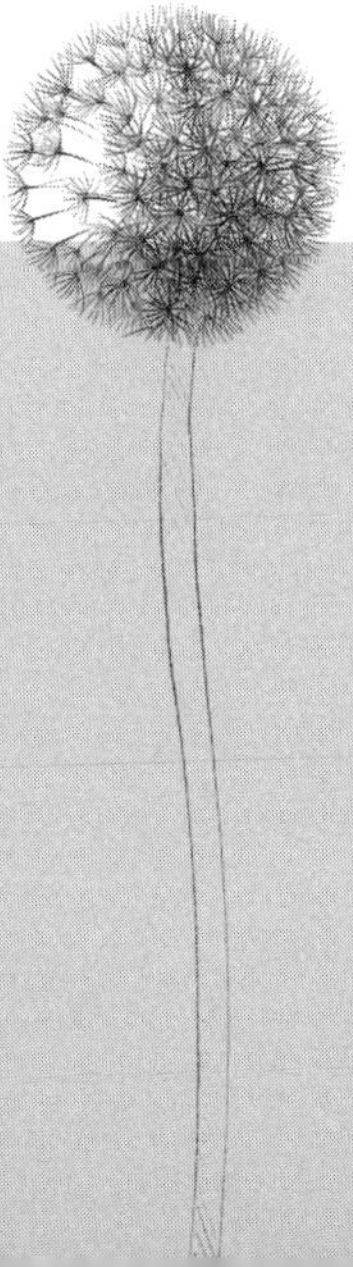

どうして月は見えなくなるの？

十五夜さん

今年は九月三十日が中秋の名月でした。秋から冬にかけて月が美しく見える季節です。私は寒い冬の日、銭湯の帰りに母の背中におんぶされて眺める月が大好きでした。「お母ちゃん、どうして月は私のあとをついてくるの」と、そのころの私は不思議がっていたのです。

大人になってからも三日月が西の空に出ると、それからは毎日、「今日は月が出ているかしら」と夜空を眺めることを楽しみにしています。昔の人も三日月はどんどん満ちていくということで、のぞみが叶うと考えていたそうです。

たんぽぽ子供の家の年長組の子どもたちに「九月三十日は十五夜さんなのよ」と話すと、「うん、お団子飾るんだよね」「栗も」「ススキも」。子どもたちにとっての十五夜さんは、いろいろなものを飾って、お団子を食べるという楽しいイメージのようでした。

月の観察、スタート！

子どもたちに「月を見てね、どんなかたちをしているかをこの観察ノートに描ける人は描いてください」と話して、観察ノートを渡しました。

つぎの日には「先生、こんな月だったよ」と、数人の子どもがノートを見せてくれました。それからというもの、月を見るのが楽しいらしく、「今日は半分だった」「昨日は見えなかったよ」「見て、空がこんな色だったの」と、空の色にまで興味をもつようになってきました。

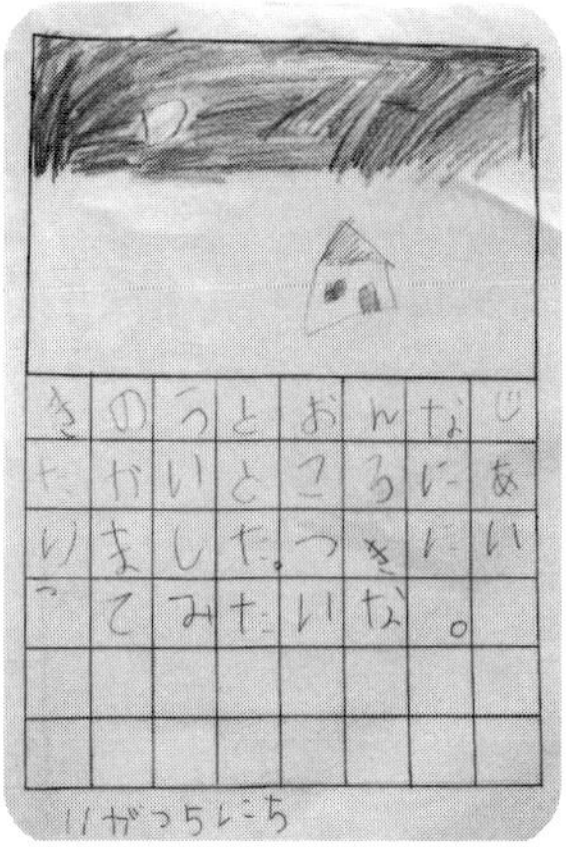

月の観察ノート

雄二くんのお母さんが三か月間の月の観察のようすを伝えてくれました。

九月二十日、月の観察がスタートしました。だんだんと細い月から半月、そして満月に近づいていくようすを親子で観察していました。夜空の輝く月はとても神秘的で

「きれいだね。光っているね」と心穏やかな時間を親子で共有できました。

　お月見の九月三十日は、残念ながら雨で満月を見ることはできませんでした。でも、ススキを飾り、お団子を食べて過ごしました。十月に入り、しばらく月に会えない日が続きました。毎日布団に入るまえにベランダに出て月を探しましたが……、「どうして月が見えないのかなぁ、晴れているのに、違う国に行ったのかなぁ」と雄二はつぶやいていました。

　十月下旬になり、ひさしぶりの月は、すっかり細長い月になっていました。そのころから、まだ明るい、たんぽぽの帰り道で月に会えるようになっていました。自転車の後ろで雄二が「お母さん、月が出ているよ。月が白いよ」「太陽と月がある！」。こうして昼間の月にも会えるようになりました。

　十一月に入ってからは、朝の月にも会えるようになり、雄二は「月が出てる。ぼくについてくるよ、ぼくのこと好きなのかなぁ。たんぽぽまでついてくるかなぁ」と、少し興奮しながら「先生とお友だちに月が出ているよって、教えなくちゃ」とたんぽぽの門を入っていきました。

　雄二は一年生になっても月の観察は続けると言っています。月の観察をはじめたころはベランダに出ると気持ちよい季節でしたが、いまは寒さのなかでの観察です。でも、こうして肌で季節を感じながら月の観察を楽しんでいます。

どうして月が見えないの？

あれは十一月初旬のことでした。「先生、白い月が見えるよ」という興奮した雄二くんの声に外に飛びだして、「え、どこどこ？」と雄二くんの指差す先を見ると、はっきりと白い月が浮かんでいました。

月の観察を熱心にしていた雄二くんが「先生、どうしてこのごろ月が見えないの」と質問してきました。毎日、月を観察していたからこそ、ある時期から月が見えない日が続くことを不思議に思ったのでしょう。私は、雄二くんが「ああ、そうなんだ！」と思えるように具体的な教具・教材を用意してみたいと思うようになりました。

そんなことを考えていたときに『月の満ちかけ絵本』（大枝史郎＝文、佐藤みき＝絵、あすなろ書房）に出会いました。その絵本には、一日目の月から二十九日目の月までの月がていねいに描かれていました。これなら幼児でも感覚的に月の満ちかけをとらえら

れると思い、一日ずつの変化を二十九枚の絵カードにしました。

十一月に年長児の保育参観がありましたので、そのときに月の満ち欠けの絵のカードを並べながら、月の呼び名も伝えました。

「満月のつぎの月は十六夜《いざよい》、そして十七日目の月は立待月《たちまちづき》って言うのよ。昔の人は立って待っていると月が出てくるので、立待月と言ったそうです。十八日目の月は居待月《いまちづき》。外で立って待っているとたいへんなので、家に居て座って待っていると出てくるので居待月。そして十九日目の月は、家に居て座っていても待ちくたびれるので、寝て待つことにしたから寝待月《ねまちづき》と呼んだそうです」などとお話ししながら絵のカードを二十九枚並べると、親子で月の変化に目をきらきらさせてくれました。月のすてきな呼び名も子どもたちに伝えたくて、「月の説明文のカード」もつくりました。

月の満ち欠けで見えるかたち

絵のカードという二次元の世界から、つぎは三次元の世界で月の満ち欠けを感じてもらうことにしました。

月は満ちたり欠けたり、一か月の周期でかたちが変わります。この満ち欠けを説明するために、黄色と黒色を半々に着色した模型を使います。月に太陽の光の当たっている側

フラフープに入って月の満ち欠けを楽しむ親子

（黄色）は明るく光って見え、光の当たらない側（黒色）は見えません。この月の模型十個をフラフープの円周上に貼りつけ、フラフープのなかに入って自分が地球になって見てみると、月の満ち欠けがはっきりとわかります。フラフープを使うことで、親子で「わぁ、満月、半月、三日月、あれ、新月だ！」と歓声があがり、具体的に「月の満ち欠け」を感じてくれたようです。（フラフープを使った月の満ち欠けを私に教えてくださったのは愛知・梅園小学校の伊藤正道さんです。）

それから暗くした部屋に移動して、月に見立てた素ボール（白い発泡スチロール球）に電球（太陽）の光を当て、子どもたちが月のまわりを歩くと、新月・半月・満月というように月が光っているようすを観察することができ、これも「わぁ、見えた！」との歓声です。

（子どもたちが地球になって月のまわりを回るのは、太陽と地球、月の位置関係としてはまちがいですが、月の満ち欠けを見ることができるので、そのようにしてみました。）

雄二くんのお母さんからお手紙が届きました。


小川先生より「金星の下に寝待月が出てきました」というメールをいただいた日のことです。雄二とふたりで月を見に外に出てみると、たしかに月の上に輝く金星が見えました。

「今日の月は大きぃね」と喜ぶ雄二に「月の上にあるのが金星だよ」と教えると、「あれが金星なの？」「あんなに光るの？」「あんなに小さいの？」と、質問責めにするほど驚いていました。もともと天体に興味があり、金星と地球の大きさがほぼ同じなことを知っていた徹。図鑑の絵と文字では何度も見、読んでいましたが、その天文学的規模の数字では金星を想像することができず、図鑑に描かれていたこげ茶色の金星が、頭のなかでいっきに光り輝いた瞬間だったように思います。

その日の月の観察ノートには、しっかりと金星を描き、「月の上に金星がありました」のコメントも書いていました。

新月だったから見えなかったんだよ

雄二くんは、月が見えなくなるのではなく、十五夜を過ぎると月が出る時間がだんだん遅くなるために、自分は寝てしまっていることに気づきました。夜だけでなく、朝も昼も月は出ていることにも気づいたようです。「先生、昨日はね、新月だったから、月は見えなかったんだよ」と教えてくれました。彼にとって見えなくとも、新月は空にあるのだというイメージがもてたようです。

月の観察をするようになってから、雄二くんとお母さんは、ほぼ毎日、朝に晩に親子で空を見上げるようになり、夜空を眺めるこころの余裕が幸せな気持ちにさせてくれているようです。

「お母さん、木が紅葉しているよ」と雄二くんが赤や黄色に色づいた木々を指さしたそうです。お母さんは紅葉ということばにも驚きましたが、季節の変化にも気づいていることがすごくうれしかったと知らせてくれました。自然の事象に関心を向け、わずかな差異に気づき、すてきなことばに耳を傾けて暮らしていけたら、豊かな人生になっていくことでしょう。私もそんな日々を子どもたちとともに過ごしていきたいと思うのです。

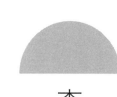

森が教えてくれる

あの絵本のように

十数年前のことです。卒園生のお母さんから手紙と本が届きました。「静岡自然を学ぶ会の会長さんからいただいたのですけど、たんぽぽの子どもたちと同じような顔をした子どもたちが載っているんです。ぜひ先生にお見せしたくて送ります」とあり、『森のようちえん』（石亀泰郎＝著、宝島社）という写真絵本が入っていました。

本に紹介されていたのはデンマークの幼稚園です。建物を持たず、バスに乗って森に行き、三〜六歳の子ども二十人ほどが数時間、森のなかで過ごし、毎日が遠足のようです。

たんぽぽ子供の家の子どもたちも開園以来、近くの「中野木

の森」で週一回ピクニックをして過ごしていました。中野木の森は春夏秋冬、子どもたちに自然の恵みを分けてくれます。とくにたき火は大好きな活動です。

私の子どものころには、家の前で落ち葉たきをする風景があり、学校へ行くまえに小石をたき火のなかで温めて、ポケットに入れていったことが思い出されます。日常的にたき火を目にし、その感覚はとても心地よいものとして私の体のなかに残っています。たんぽぽの子どもにも、たき火をすることで、火の大切さ、こわさ、ありがたさ、ぬくもりを伝えていきたいという想いが強くありました。

けれど、十五年ほどまえにたき火によるダイオキシン発生がマスコミにとりあげられ、民家が隣接している中野木の森ではたき火ができなくなり、たき火のできない中野木の森は魅力が半減してしまいました。

そのときふと、写真絵本『森のようちえん』のことが頭をよぎったのです。「そうだ。『森のようちえん』のように、バスで県民の森に連れていこう。あそこならたき火ができる」。そして、月一回の「森の遠足」が二〇〇〇年よりはじまったのでした。

森の遠足は発見がいっぱい

船橋県民の森の広さは十四万五千九百六十平方メートル。雑木林と湧水が流れ、ホタルが飛び、かつての里山がそのまま残っています。

春は野草を摘んで天ぷらにして食べます。夏はトンボやバッタを捕まえます。夕方にはヒグラシの声のシャワーを浴び、あたりが暗くなってその声が止まるころ、ヘイケボタルが飛びはじめて、その光に子どもたちの歓声があがります。ホタルの活動が終わる午後八時には森のなかは真っ暗闇です。足元を照らす懐中電灯の光に照らされて、羽化したばかりの薄緑のセミの姿が浮かんだこともありました。秋にはシイの実、栗、ドングリを拾い、冬には霜柱を踏み、小枝や落ち葉でたき火を楽しみました。

たき火をする子どもたち

森での体験は、多様な生きものに触れる機会になり、五感をフルに使って実体験を積みかさねていくなかで、子どもたちは動植物に対する興味を強くもつようになりました。「モグラ塚ってなぁに？」「ダンゴムシの雄はどっち？」「ホタルはどうして光るの？」といった疑問をことばにするようになりました。

私はこのような子どもたちの疑問やつぶやきに、ていねいに応えていくことをこころがけました。その一方で、子どもたちが積みかさねてきた体験を整理分類していく方法はないかとも考えていました。

生命の進化のタイムライン

子供の家はモンテッソーリ教育を柱にしており、「日常生活の練習」「感覚教育」「言語教育」「算数教育」「文化教育」と五つの分野があります。「生命の進化のタイムライン」は、生命誕生から人類までの進化の過程を絵で表したもので、文化教育（P150参照）の活動にあたります。

いままでは『せいめいのれきし』（バージニア・リー・バートン＝著、いしいももこ＝訳、岩波書店）、『いのちのつながり』（中村運＝文、佐藤直行＝絵、福音館書店）などの絵本を読み聞かせたり、図鑑や化石を見せたりしてから、「生命の進化のタイムライン」のプリントに色を塗る作業や「生命の進化の絵カード」を読んで書写する活動を子どもたちに紹介していました。しかし、これらの活動だけで幼児が三十五億年の進化をイメージすることは難しいことです。

県民の森にはバクテリアがいます。森で見た菌類ならホコリタケ、ノウタケ、アミガサタケ。無脊椎動物ならカブトムシ、セミ、ダンゴムシ、バッタがいます。これらは、子どもたちがじっさいにさわったり捕まえたりしたものです。

そこで子どもたちの体験を整理する方法として、森で見つけた生きものと「生命の進化のタイムライン」を結びつけてみました。

この作業をはじめてから、時雄くんは夕食のお味噌汁にキノコが入っていると「今日の藻類、菌類はおいしいなぁ」と言い、明夫くんは「いまおなかのなかのバクテリアが、ぼくの食べた食べものを食べてウンチにしているところだな」。おじいちゃんがバクテリアを知っているのかと感心すると、明夫くんは「バクテリアは地球ができてはじめて生まれた生きものなんだ」と続け、食卓を沸かせたそうです。

こんなこともありました。光一くんが子供の家の玄関に入ってくるなり、「先生、知ってる？　恐竜よりイチョウのほうが早く生まれていたんだよ」と興奮して話してくれました。光一くんは恐竜が大好きです。県民の森にはみごとなイチョウの木があります。このふたつの関連性を発見したことは、彼にとっては大発見だったのでしょう。

森のなかで四十六億年を歩く

森の生きものを類別したものを、「生命の進化のタイムライン」として森のなかに表現したら、子どもにもわかりやすくなるだろうかと、その方法を毎日考えていました。「そうだ！　四十六メートルの白いテープを森のなかに引こう。類別のパネルと森にいた生きもののパネルを立てよう」と、アイデアが浮かんだときのうれしさは、ぴょんぴょん跳ねまわりたいほどでした。

美術講師の甲斐田和子先生と子どもたちが、無生物時代から人類までの生命の進化の過程を十四枚の絵に描き、さらに森で見つけた生きものも描いてパネルにしました。五十枚以上ある絵を十三人の年長児が描くのですから、たいへんな作業です。

私は、きっと「ぼくは恐竜がいい」「わたしはモグラ」と自分の描きたいものを主張し、調整に時間がかかると思っていました。ところが子どもたちからは「どれでもいいよ。順番に決めていいよ」という答えが返ってきました。この作業が共同作業であることを自覚していることに私は驚き、同時にかれらの成長を感じた場面でした。

一億年を一メートルとして、地球が誕生してからの四十六億年を四十六メートルの白いテープで表し、無生物時代、バクテリア、藻類・菌類、無脊椎動物、魚類……というように、子どもたちが制作したパネルを順番に森のなかに立てました。

そのテープに沿ってじっさいに歩いてみると、子どもたちは「無生物時代はすごく長いね」「魚類が生まれてからは、いろいろな生きものがどんどん生まれたんだね」「ここから

森につくった「生命の進化のタイムライン」

生きものが増えているね」「バクテリアは森にいるんだ」「バクテリアが生まれてから、藻類・菌類が生まれるまでずいぶんかかっているね」「虫は大昔から生きているんだね」「人類はほんのちょっとだな」と、いろいろなことを発見しました。

子どもたちにとって一年間の森での活動と、四十六メートルのテープのタイムラインは、進化をイメージするうえでたいへん助けになったようです。

四十六メートルをいっしょに歩いたお母さんからは、こんな感想が寄せられました。

生命の歴史の説明文を、ときどきつかえながらも一生懸命読んでくれた娘。親子で歩いたあのひとときはとても幸せでした。

生命の歴史のパネルの道、とてもすてきでした。あの林のなかを白いタイムラインに導かれて歩く先に出てきた生きものに感動しました。そしてその逆に、生命が誕生しはじめてからつぎからつぎと生命が生まれているのにも驚きです。四十六億年という経験できない時間を数字で表してもピンときませんが、長さで表すとわかりやすいです。

子どもたちが四十六億年の白いテープをたどったときに「ここから生きものが急に増え

ているね」と気づいた年代は、ちょうど植物が増え、地球上に酸素が増えてきた時代と重なります。のちに子どもたちは光合成を知り、植物の大切さに気づくかもしれません。地球温暖化の問題に興味をもつかもしれません。

一年の最後の「森の遠足」で、あるお母さんが、引率してくれた平林先生にこんな質問をしていました。「森のなかを歩くとき、どんな知識が必要でしょうか」。先生の答えは「ただいっしょに歩いたらいいですよ。子どもの声に耳を傾け、わからないことはいっしょに調べたらいいのですから」というものでした。

私も子どもたちといっしょに不思議がり、図書館で本を借りたり、絵本を購入したりして調べ、一年間ワクワク、ドキドキして過ごすことができました。

自然からのプレゼント

私は、天気のよいときだけ「森の遠足」に出かけるのではなく、『森のようちえん』の子どもたちのように、雨が降っても雪が降っても、森のなかで過ごす経験をさせてみたいと思っていました。

もちろん、大雨や大雪でも森のなかとは思っていませんが、しとしと雨くらいならレインコートを着る、濡れたら着がえるなどなど、自分の都合のいいように生きるのではなく、自然を受け入れながらそのなかでくふうし、楽しめる経験をしてほしかったのです。

青空がどこまでも広がる日、雨の日、陽射しの強い日、秋晴れの日、北風が吹く日、雪が残っていた日。「森の遠足」は晴れた日ばかりではありませんでした。

当初は、寒い冬の日に遠足にいかないでもいいのではと、心配そうにバスを見送るお母さんもいました。でも、子どもといっしょに参加してもらうと、町なかで吹く北風はあんなに冷たいのに、森のなかではやわらいでいたこと、雨も森に入れば大木のおかげでよけられることを知り、安心して送りだしてくれるようになりました。いまでは森の遠足は、子供の家のなくてはならない行事となりました。

そして子どもたちは、森の体験を整理して「生命の進化のタイムライン」と結びつける学び方をとおして、長い生命の歴史のなかで命はひきつがれ、人類が誕生したのはほんの少しまえのことなのだと気づいたようです。

三十五億年の生命の進化を中学生になって学んだときに、森のなかに引かれた白テープと生きもののパネルが頭に浮かんだら、すてきだなぁと思います。

文化教育

月の観察や生命の歴史についての学びを、幼児の段階でなぜするのでしょうか。

これらはモンテッソーリ教育の文化教育の分野に入ります。ちょうど五、六歳の時期は宇宙、地理、植物、動物などに興味関心を示す時期です。

ただただダンゴムシを捕まえる、動きの速いバッタやコオロギを捕まえる、トンボや蝶を捕まえる、カマキリのおしりからハリガネ虫が出てくるのを見て、なんだろうと不思議に思う。とにかく子どもは虫が大好き、捕まえながらたくさんの発見をしています。

月を観て、かたちが日々変わっていくことを知り、月が黄色やオレンジ色に輝いたり、白くなったりと変化することに気づく。そうした発見を科学的に整理整頓していくことで「わかった」という経験を積んだ子どもは、学ぶことが楽しいと思うようになります。

モンテッソーリは「文化教育の種はどのくらいまいたらいいでしょうか」という質問に「できるだけ多く！」と言っています。クモの巣にたとえるなら、子どものなかに基点をたくさん打っておけば、将来、その基点をつないで大きな巣をつくり、たくさんの餌を捕まえることができます。

文化教育の大切な側面は人格形成です。月を観て自然の美しさや不思議さにふれ、虫や木の実、草に触れる経験は、クモの巣の基点を打っているのではないでしょうか。この時期は豊かな人生を送るための種まきをしている時期だと思います。

じっくりと、ていねいに観る

蚕を育てる

子供の家で蚕を育てるようになって二十五年ほどたちます。毎年五月の連休明けに蚕の卵が届き、芥子粒《けし》ほどの大きさの卵が二百個ばかり、シャーレに入れられて玄関の観察台の上に並べられます。これから卵が孵化《ふか》して幼虫からさなぎ、そして成虫になるまで、子どもたちの観察がはじまります。

はじめて蚕を目にするお母さんのなかには、虫が苦手の方もいます。母親が苦手意識をもっていると、そのお子さんも虫をこわがる傾向があります。

ところが、小さな卵から一齢幼虫が生まれ、そして二齢幼虫にと少しずつ大きくなる姿を追いかけ、また年長児が幼虫を手にのせてかわいがっている姿を目にしていると、こわがることよりも幼虫に興味を示し、だんだんに近づいて眺めたり、さわったりするように

蚕を育てて、観察する

なってきます（孵化直後の幼虫を一齢幼虫、一回目の脱皮のあとの幼虫を二齢幼虫といいます）。「うちの子どもは虫ぎらいなんです」とおっしゃるお母さんに、私は「蚕を育てているうちにきっと虫好きになりますから安心してください」と言っています。

描いて、話して、書いて

子どもたちは蚕の成長の過程を見ているだけでもたいへん興味を示します。

私は年長児といっしょに蚕をていねいに観察し、いつか観察記録を書くという活動をしてみたいと思っていました。

そんなことを思って過ごしているときに、『教室でのモンテッソーリ教育』（未邦訳。"Montessori in the Classroom", Paula Polk Lillard, Schocken Books）のなかに、幼児に自分の書きたい単語を書かせる指導法が紹介されていました。

これは指導例の一部です。この本の著者、リラードのクラスのサンディは、ある日「egg」を書きたいと言いました。リラードは紙に「egg」と書いてサンディに渡し、サンディはそれを見ながら自分のノートに写していきます。こうしてサンディは発音と表記の違う文字を書くことができたのです。

英語のスペルを覚えて書くのが、ひらがなを使って単語を書くときより数段難しいことは、みなさん経験されていると思います。この方法はまだ文字を書くことができない年長児にも、観察記録を書く活動の援けになるのではないかと思ったのです。

子どもにはつぎのように話してからはじめています。

「この小さくて黒い粒々は蚕の卵です。よく観てから、この紙に卵の絵を描いてみてください」

大きなまるを描いて卵を表現する子。卵に色をつける子。小ささを鉛筆で点々と書いて表現する子。こうして子どもは卵の絵を思い思いに描きます。そのあとに「卵を観て思ったことや考えたことを教えてください。私がこの紙にみなさんがお話ししてくれたとおりに書きます。字が書けなくても心配しないでね」と伝えておきます。

この活動をはじめて六年目でしたが、子どもたちに感想を聞くと、「絵を描くのが楽しい」と言います。絵を描くことで蚕の変化に気づき、蚕を細部まで観察するようになり、つぎのように表現してくれました。

・一れいようちゅうは、がんばってはっぱのうえをちょこちょこあるいてかわいかったです。

・四れいようちゅうは、くちからいとがでていた。うんちがでるのがみえた。おしりにとげがあった。もうすぐ五れいようちゅうになりそうです。
・どうやって、あんなにたくさんまゆをつくるのかしりたいです。
・がのはねが、ずいぶんまえにあってびっくりしました。
・かいこはなかでどんなさなぎになっているのかしりたいです。
・五れいようちゅうは四れいようちゅうとにています。でもよくみるとおおきいです。
・まゆはしゃかしゃかしていて、まらかすみたいです。
・四れいようちゅうは、からだがしろくなりました。よくみるとおしりにとげがついています。くびのところにかっこのもようがあります。
・五れいようちゅうは、くわのはっぱをもぐもぐたべて、まえよりおおきくなってあたまのちかくのもようがキラキラしていておしゃれです。

蚕の卵から蚕蛾になるまでの約二か月半、自分で観察したことを絵に描き、感じたことをことばにし、教師が紙に書いた文字を書写する活動をしてきた子どもは、こんなことを話してくれました。

「絵を描くのが楽しかった」

「絵を描いていると、いろいろなことがわかった。うまく書けない字も見ながら書けた」

「自分で考えたこと、思ったことが書けてうれしい」

「生きものについていろいろ実験できるのが楽しい」

「考えて、いいことばが思いつくのが楽しい」

「自分でひらがなが書けるから、字を書くのが楽しい」

「真剣にできるところ、集中してできるところが楽しい」


私は、年長児でも自分の活動をこんなふうに客観視することができることを、今回知りました。

相手を知れば、こわくない

毎年七月に年長児は、二泊三日の合宿で霧ヶ峰高原を訪ねています。そこには蜂に似たヒラタアブという虫がいて、ブーンと羽音を立てて飛んでいます。子どもたちは蜂は刺す虫と思っていますので、すごくこわがります。

合宿で山を案内してくれる平林先生がヒラタアブを自分の手にのせて「人間の汗をなめにきているだけで刺さないからだいじょうぶだよ」と汗をなめさせてあげると、子どもも自分の手にのせて汗をなめさせるようになります。

こんなこともありました。昨年、たんぽぽの庭のプルーンの木に大きな蜂が二、三匹、ブンブン羽音を立てて忙しそうに行ったり来たりしていました。子どもの頭のすぐ上を飛び交っているのですから私も心配で、何蜂なのか調べようと近づいてみました。二センチほどのプックリした蜂です。プルーンの枝には直径一・五センチほどのまるい穴がふたつほど空いていました。

子どもには、蜂はさわったりしなければ刺したりしないので、追いかけたり手で払ったりしないように伝えて、すぐに平林先生にお電話して聞いてみました。

「おそらくクマバチではないか。さわったりしなければ刺したりしないので、子どもたちと観察したら楽しいよ」とのことでした。

それからクマバチのことを調べ、子どもたちと観察することにしました。プルーンの枝に開いた穴を蜂が巣立ったあとに見てみると、直径一・五センチで長さ三十センチほどに、それは美しく精巧にくり抜かれていました。体長二センチほどのクマバチがどうやってこの穴を掘ったのか不思議です。この巣を使うクマバチが今年も来るのを毎日楽しみにしているのですが、まだ姿を見せてくれません。

カタクリの花を楽しみながら

北海道の旭川に突哨山《とっしょうざん》という、カタクリの大群落のある細長い丘陵地があります。ここを元小学校の理科教師二名、保育園の先生二名と私の五人で訪ねる機会がありました。雑木林のなかは、艶《あで》やかな紅紫色のカタクリと青色のエゾエンゴサクの織りなす美しい色のハーモニー、花の絨毯《じゅうたん》を敷きつめたようなぜいたくな空間でした。

カタクリは、種子から開花まで約七、八年ほどかかるそうです。案内人は「これが一年目、これが二年目……そしてこれが六年目かな。ここに一年目の実生があるということは、七年後もカタクリはいっぱい咲くということです」とていねいに葉を探しながら説明してくれました。「カタクリの花粉を運ぶのはあそこにいるマルハナバチやクマバチ、ヒメギフチョウ。そして種を運ぶのはアリなんですよ。アリが種のなかのエライオソームを食べたあと、種を周辺に散布するそうです。それでカタクリは広範囲に咲くのです」などと、お話ししてくれました。

カタクリの神秘、蜂や蝶の戦略に感心し、花、鳥を眺めながら自然を語り、時速三百メートルの里山歩きを楽しんだのでした。

深くものを観察する喜び、学びつづける喜びが、八十歳になる案内人の後ろ姿から漂っていました。私は豊かですてきな人生を生きる原点を見たような気がしました。

子どもたちには興味のあることをじっくり観察する喜びを、そしてこわいと思っていた蜂にも刺さないものがいるように、相手を知ることで、むやみに恐れずに生きていけること、そして学びつづけることで豊かな世界が広がることを伝えていきたいです。

すてきな後ろ姿やたたずまいを子どもに見せられる大人になりたいものです。

一歩一歩で頂上に

霧ヶ峰合宿へ出発

たんぽぽ子供の家では年長児になると、二泊三日の登山合宿にいきます。場所は長野県の霧ヶ峰高原です。私がはじめて霧ヶ峰高原を歩いたのは、もう三十年前のこと。霧ヶ峰高原を歩き、車山肩に立ったとき、涼しい風に揺れるニッコウキスゲ、そして緑の草原に魅せられて、子供の家の子どもたちをここに連れてきたいと思ったのです。それから延べ三百人ほどの子どもたちと登山合宿を続けてきました。

二〇一八年は連日の猛暑が続き、小学生が虫捕りをしていて熱中症になり死亡したというニュースが数日前に報道されていました。そんなこともあって子どもたちの健康状態がとっても気になり、合宿がはじまってから二十六年のあいだで今回ほど緊張したことはありませんでした。

そんな心配をよそに、集まった子どもたちは「車山合宿にいくのだ」という、ある種の覚悟をしていることが表情から読みとれました。三月に広島に引っ越した隆夫くんも合宿に参加したいと、千葉の子供の家までやってきました。ひさしぶりの子供の家にとまどっているようすを見た義雄くんが、すぐに手をつないでくれました。

こうして十一名の年長さんと教師三名、そして今回は大学院生一名の総勢十五人で新宿から「あずさ十三号」に乗りこみ、上諏訪までの列車の旅がはじまりました。

流れるように進んでゆく

卒園生の四年生の女の子が、小学部の遠足のときに、こんなことを言ってくれました。『たんぽぽ』っていいなぁ。なんだかすーっと集まって、すーっと終わるんだもん」。私はこんなふうに感じてくれていることに驚き、私がめざしている教育の本質をことばにしてくれたことをうれしく感じました。今回の合宿も「流れるように進んでいく」、そんな合宿にしたいと思っていました。それには「子どもがどうしたらよいかを自分で考えていける環境を用意する」ことが必要です。

合宿ではこんなことをこころがけています。

①テーマを決める（二〇一八年は「やさしくする」）、②全体を見せる、③食事の席は自分で決める、④寝る部屋は決まっているが寝る場所は自分で決める、⑤歩くときは先生より前に行かない、⑥荷物部屋・遊び部屋・寝部屋での過ごし方を伝える

これくらいのことを決めておけば、子供の家で日々過ごしている年長児なら自分で考えて行動できるので、教師は大声を出す必要がありません。結果、「流れるように進んでいく」合宿が実現します。

宿泊先の高原荘に着くと、まずは高原荘全体を探検します。「寝部屋」「荷物部屋」「遊び部屋」「トイレ」「食堂」「お風呂」、そして二階は「先生の部屋」など、すべての部屋を見せることで全体を把握します。「二階は子どもが上がってはいけないところです」と伝えると、わかってくれて、合宿中二階に上がってくることはありませんでした。こうして全体を見せてあげると、子どもたちは安心し、約束を守ろうとしてくれます。

ゼブラ山登山

登山靴の靴ひもを点検して、リュックを背負い、帽子をかぶって、さあ、ゼブラ山に出発です。まずは湿原から見えるゼブラ山、北の耳、南の耳、車山肩の霧ヶ峰の全体が見え

るところで、今日登るゼブラ山の位置を確認してから、六時間コースを歩きはじめました。

山を案内してくれる平林先生は、子どもの成長に意味ある経験の場所として、この合宿に五つほどのテーマを用意してくれています。そのひとつがゼブラ山登山です。先生はこのテーマについてこんなふうに話してくれました。

「子どもたちは山に登りはじめてしばらくすると、かならず、あとどのくらい歩くのかを聞いてきます。息もきれるし、汗の出るこんなたいへんなこと、どうしてやんなくちゃいけないの、と思うかもしれません。しかし、一歩一歩、歩くことでしか頂上には着けません。頂上に着けば、すばらしい見晴らしと涼しい風が待ってくれています。苦しい体験を克服して新しい自分になる。登りおえた子どもはまえの子どもではなくなっています。自信に満ちた子になるのです」

子どもたちは頂上まで登ると、「まだ？」「疲れた」と言っていたのが嘘のように、すぐに蝶、トンボ、バッタ捕りに夢中になります。

しんがり義雄くんと

下山するときにこんなことがありました。登るときしんがりを務めてくれた義雄くんに「下りるときは先頭を歩いてもいいのよ。自分で選んでね」と言うと、「しんがりでいい」とのこと。私といっしょに歩きはじめました。ゼブラ山は石がごろごろしていて急な下りの場所があります。私は膝を痛めているので、サポーターを両膝に巻いています。サポーターは下山するときには膝を守ってくれるのですが、反面、膝の屈伸が悪く、三回ほど滑り、そのたびに義雄くんは私の手を引いて助けてくれました。

下山途中で義雄くんが急に、「先生、人間はみんな死ぬんだよね」と言いました。

「うん、そうだね」

「ぼくは死んだらカブトムシになりたいんだ」

「そうなんだ、なれると思うよ……死んだら人間は原子になるのよ。いろいろなところに飛んでいって、草の栄養になったり、虫になったりするのよ」

「死んだら、先生の骨はどうするの？」

「あのね、ゼブラ山の頂上からまいてほしいと思っていたんだけど、裕子先生（娘）はあんな高いところにまでお参りにいくのはたいへんだから、やめてほしいっていうのよ」

「それなら先生の骨は、ぼくが博物館に飾ってあげるよ」

一瞬びっくりしましたが、なんだか彼とこころが溶けあったような気がして、目頭が熱くなりました。

義雄くんは、年中時代はお友だちに手や足を出したり、気に入らないことがあると、ものを投げたり、暴言を吐いたり……、お友だちとのトラブルが多く、人との距離のとり方がへたでした。そんな彼に対して私がやれることは、彼が何に興味関心あるのかを観察して、お仕事を紹介することでした。

たとえば、義雄くんは、折り紙の「やっこさん」を折るとなると、数日折りつづけ、恐竜の説明文を書きはじめると、そのことに集中していました。白分で選んだお仕事にくり返し集中して取り組んで、満足していくと、じょじょに変わっていきました。

もうひとつこころがけたことは、人のために動いてくれる機会をつくることです。「義雄くん、綾ちゃんがテーブルたためないみたいだから、たたんであげて」「パズルができないみたいだから、助けてあげて」などと頼むと、こころよくやってくれるようになり、そんな練習をしているうちに、自分からお友だちを助けてくれるようになっていきました。

　義雄くんは、隆夫くんが広島から合宿に参加することをこころ待ちにしていて、プレゼントの立方体や十二面体（折り紙）をコツコツと折りためて、不安そうだった隆夫くんの手をつなぎ、しんがりを務め、私を助けてくれたり、相手のことを考えてくれたりするようになった姿を合宿中たくさん見せてくれました。当然、お友だちとのトラブルも減り、二泊三日の合宿は流れるように進んでいきました。

　合宿に参加した大学院生の澤部くん（子供の家の卒園生）は、子どもが主体的に活動する姿を「子どもは生きものを捕まえるためにくふうし、不思議なものを観察する。子どもはみんな研究者」と表現してくれました。

誇らしい顔

　洋服の着脱ができる、靴ひもが結べる、体が洗えるなどなど、自分のことがひとりでできるようになると、自分で考えて行動し、相手のことにも想いをはせることができるようにもなります。

　だれでも小学生になれば靴ひもを結ぶことなどできるようになりますが、大切なのは、幼児にとってちょっと難しい靴ひもを結ぶことを一生懸命に練習し、「ひとりでできた」の経験を重ねていくことで、その後、がんばらなければならないときにがんばる力を発揮してくれます。

合宿を終えて新宿駅に降りたった子どもたちは、自信に満ち、背筋がピンと伸び、やりきったという誇らしい顔でした。

V
わかるということ、できるということ

わかった！

ユウリカの名の由来

私は以前「ユウリカ」という名称の科学クラブに所属していました。「ユウリカ」ってどんな意味なのかしら、と思いながら時は過ぎていきましたが、あるとき会員の方から「ユウリカ」と名前をつけた由来を聞く機会がありました。

それは、古代ギリシャの科学者、アルキメデスのつぎのような逸話からでした。地中海はシチリア島の都市国家、シラクサの王のヒエロンが、金細工師に純金の王冠をつくらせたところ、金細工師は金に混ぜものをし、王から預かった金の一部を盗んだといううわさが広まった。そこでヒエロンはアルキメデスに、混ぜものがしてあるかどうか王冠を壊さずに調べるように命じたのです。アルキメデスは困りはてますが、お風呂に入って、水が湯船からあふれるのを見たとき、「ユウリカ（EYPHKA）！」（わかったぞ！）と叫びながら、実験室にもどったそうです。アルキメデスの原理のヒントを発見した瞬間でもありました。この話がもとになって科学クラブ「ユウリカ」という名前になったそうです。

これいくつ？

三歳くらいの子どもが、自動車のナンバーやカレンダーの数字を読んだり、お風呂のなかで百まで数えたりと、数にとても興味を示す場面に出会われた方も多いと思います。子どもが数字に興味をもって「一、二、三……」などと数を唱えていると、ほとんどの大人は、「あら、数がわかるようになったわ」と思ってしまいます。ところが、子どもは、数を理解したわけではないのです。

そこに、実体として、たとえばみかんが一個、二個、三個あることで、はじめて数字と数詞と実体がつながって、一、二、三を理解したことになります。

子どもたちは、何かができたり、わかったりしたときには、かならずといっていいほど「できた！」「わかった！」を口にします。

それでは、子どもたちの「できた！」「わかった！」の扉を開いてみましょう。

なんにもないのがゼロ

ゼロにはふたつの概念があります。①何もないゼロ、②位どりのゼロ。モンテッソーリ教育では、ゼロを幼児に伝えていく教材があります。

ゼロを伝える教材に錘形棒《すいけいぼう》という教具があります。錘形棒とは、グリム童話の『ねむり姫』のなかで、姫が触れると魔法にかかって眠ってしまうという糸巻き棒のことです。

教具は木箱で、内部が木の枠で十列に仕切られた構造です。枠内には順に〇～九までの数字が書かれています。別に錘棒《つむぼう》が四十五本用意され、これを枠の数字にあわせて、一には一本、二には二本というように、なかに入れていきます。一～九まで入れてゆき、九枠まで入れおわると、四十五本の錘棒はすべてなくなります。そこで、〇の枠に注目させて何も入っていないことを指で確かめながら「何もないね。何もないことをゼロというのよ」と知らせます。

何もないことがゼロだとわかると、どの子も「なんにもないはゼロ」「何もないことはゼロ」と呪文のようにくり返し、「わかった！」と言ったり、目をぴかっと輝

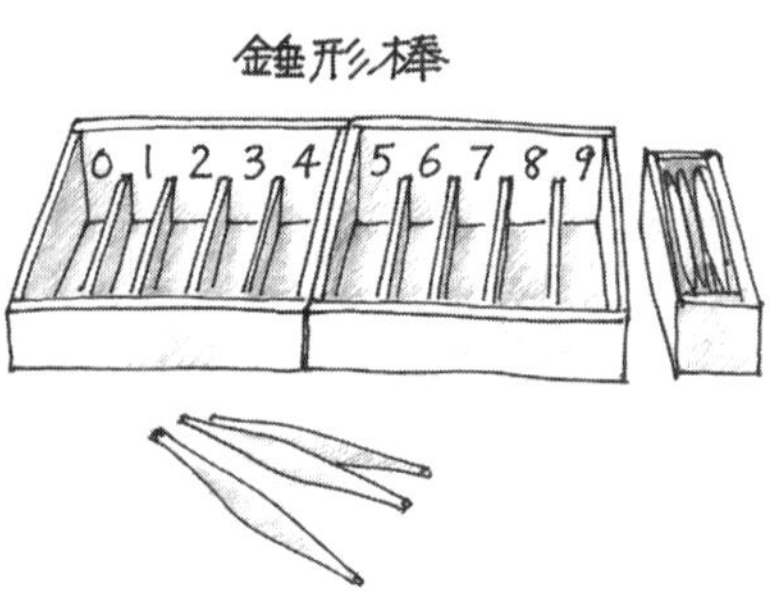

かせたりします。何かがわかったときの子どもの目は、ダイヤモンドのようです。

実感できたら、わかる

恵美ちゃんは、三歳六か月の女の子です。九月に恵美ちゃんのお母さまからこんなお便りが届きました。

ひさびさの登園で、なかなか離れてくれないあの儀式につきあうのかと、覚悟して家を出ました。しかし、私にあっさりと「バイバイ」と言った始業日から、一か月がたちました。いままでのように、私と離れるときにぐずったり、泣いたりしていた姿はなく、ほっとすると同時に少し寂しく感じております。

錘形棒のお仕事をしてきた日、夕食を食べているとき突然、「○（ゼロ）って、なぁーにもないってことなんだよ。ママ知ってた？」とニコニコしながら話をしてくれました。また、ある日はリンゴやパン、お菓子を食べながら「あと二コだ、あと一コだ」と確認しながら最後に「なぁーにもなくなったから○だね」と言うのです。

また、雑巾しぼりをしてきた日には、お風呂場で「見ててね」と、キュッキュッと雑巾をしぼって見せてくれました。「たんぽぽ」で身につけたことを家でも実践してくれてうれしく思っています。時間がないなんて言って、成長を見すごさないようにしようと思います。

恵美ちゃんにとって、ゼロは何もないことだとわかったのは、錘形棒のゼロの枠に手を入れたときです。手で確認したときに、「何もない」が実感できたのでしょう。

三歳の幼児にゼロを教えるなんて、英才教育かしらと思われた方もいると思います。多くの大人は、ゼロの概念を三歳で理解することは難しいだろうと考えているのではないでしょうか。ところが、興味関心のある数の世界を、具体物を手で動かしながら伝えると、三歳児でも無理なくゼロの概念を理解することができます。また、雑巾のしぼり方をゆっくりとていねいに見せてもらった恵美ちゃんは、「雑巾は、こうやるとしぼれるんだ！」と動きを獲得しました。そして、お母さんに雑巾をしぼって見せて、できた喜びを伝えています。「雑巾がしぼれてすごいね」と認めてくれたり、ゆっくりしぼり方を見せてくれたりする大人の存在があれば、子どもは「できた！」「わかった！」の体験をいっぱいできるでしょう。

恵美ちゃんは、このような体験を重ねるうちに自信をもち、積極的になり、毎朝お母さんとの離れぎわに、ぐずったり、泣いたりしていたのが嘘のように消えていったのです。

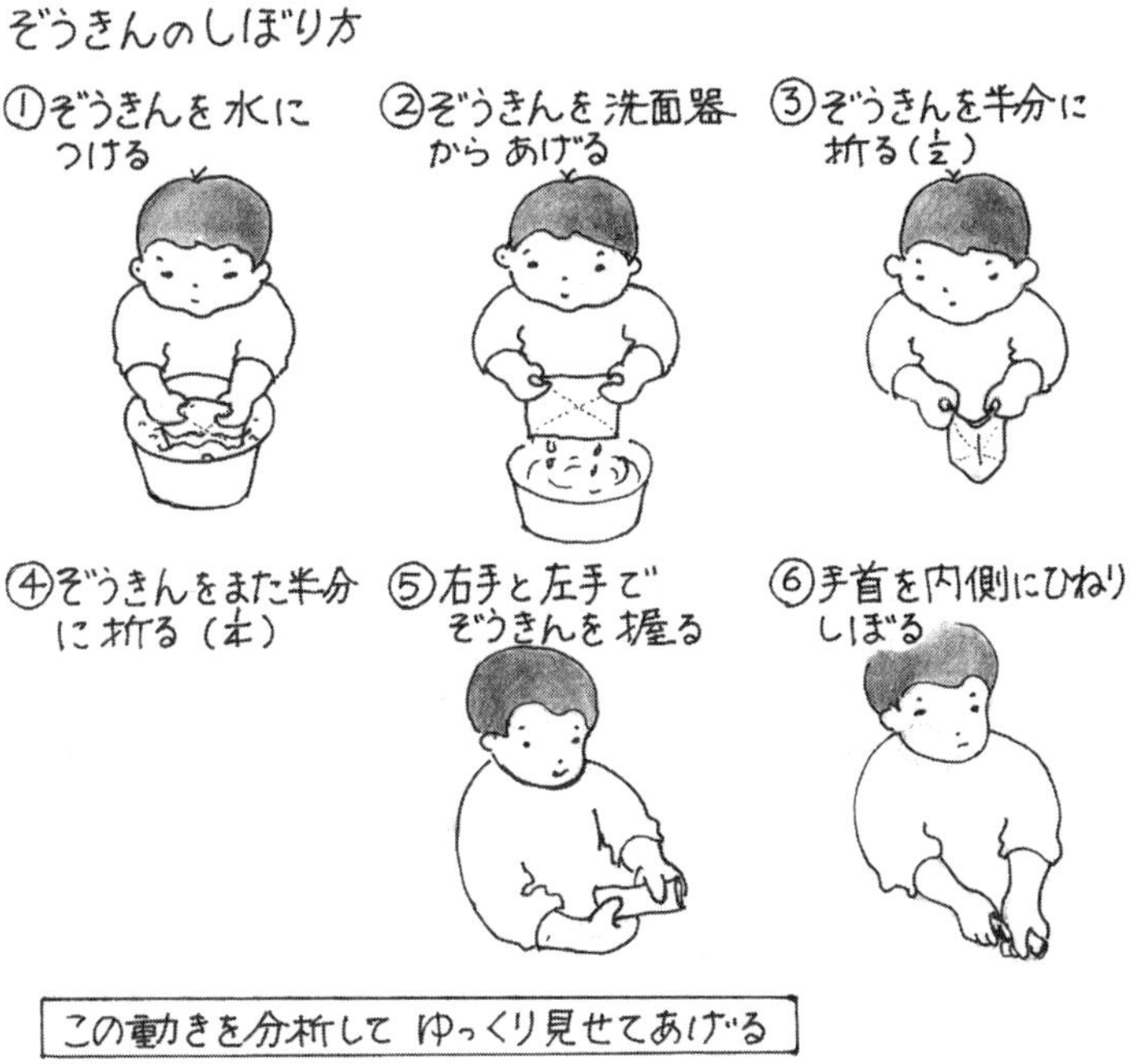
ぞうきんのしぼり方
①ぞうきんを水につける
②ぞうきんを洗面器からあげる
③ぞうきんを半分に折る(1/2)
④ぞうきんをまた半分に折る(1/4)
⑤右手と左手でぞうきんを握る
⑥手首を内側にひねりしぼる
この動きを分析して ゆっくり見せてあげる

○が隠れてる！

四歳の明夫くんが一、一〇、一〇〇、一〇〇〇の金ビーズと、一、一〇、一〇〇、一〇〇〇の数字カードを対応させていたときのことです。（金ビーズは直径七ミリほどの金色のビーズがひとつで、一の玉ビーズ、一〇の棒ビーズ、一〇〇の正方形ビーズ、一〇〇〇の立方体ビーズがあります。）

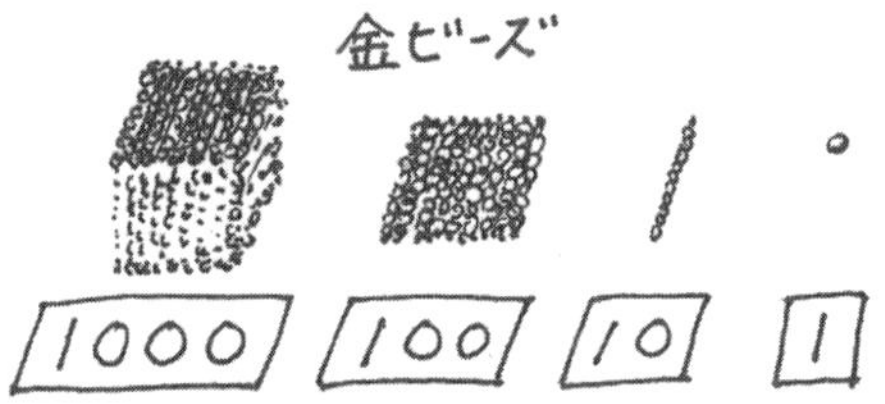

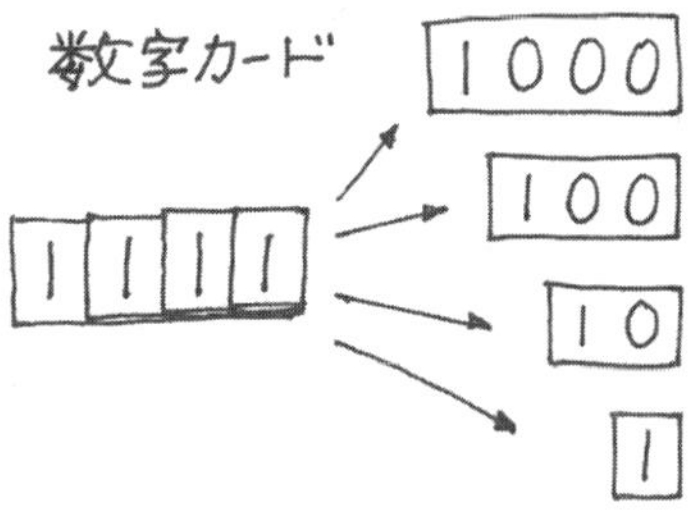

数字カードが、一一一一と重なっているのを見て「あ、いち、いち、いち、いちだ！」と不思議なものを見つけたというように言うのです。「そうだね、一一一一って書いてあるね。これは千百十一って言うのよ。ほら見てて」と言って、数字カードをめくり、位どりの○が隠れていることを見せてあげると「○が隠れてる！」と、目を輝かせていました。

こうして、何かが「わかった」ときは「腑に落ちる」感覚なのか、幼児にとっては、アルキメデスが「ユウリカ！」と叫んだときと同じくらいの大発見なのでしょう。そんなときの子どもは、自信に満ち、積極的で、なぜか穏やかです。そして、不思議に思っていたことを「わかった！」と言える経験をたくさん積んだ子どもは、「どうして？　なぜ？」と考えていく気質を身につけていきます。

モンテッソーリは手を「知力の道具」と呼び、モンテッソーリ教育の指針のひとつは、「幼児には、手にあたえる以上のものを脳にあたえてはならない」です。抽象的な知識をあたえるのではなく、具体物を手で動かし、体で感じる「できた！」「わかった！」をゆっくりていねいに伝えてあげたいものです。

失敗しても、だいじょうぶ

なにごともなかったように

子供の家では、子どもたちがお茶をこぼしたり、教材のビーズを散らばしてしまったりと、たくさんの失敗をします。

でも、だれかがビーズを床に落としてしまっても、まわりの子どもはだれも非難がましいことは言わずに、落としたビーズをすぐさまいっしょに拾ってくれます。そして拾いおわると、なにごともなかったように、各自のお仕事にもどります。そのような光景を子供の家ではよく目にします。

なぜ、幼い子どもにこのような行動がとれるのでしょうか。この不思議な子どもの扉を開いてみましょう。

誤りのチェック

円柱さしというモンテッソーリの感覚教具があります。円柱さしには四本のブロックがあります。そのなかの一本のブロックを紹介します。

ブロックには十個の穴があいており、その穴に対応した円柱があります。円柱の高さは五・五センチで、直径は五・五センチから一センチまで五・五ミリずつ漸減しています。

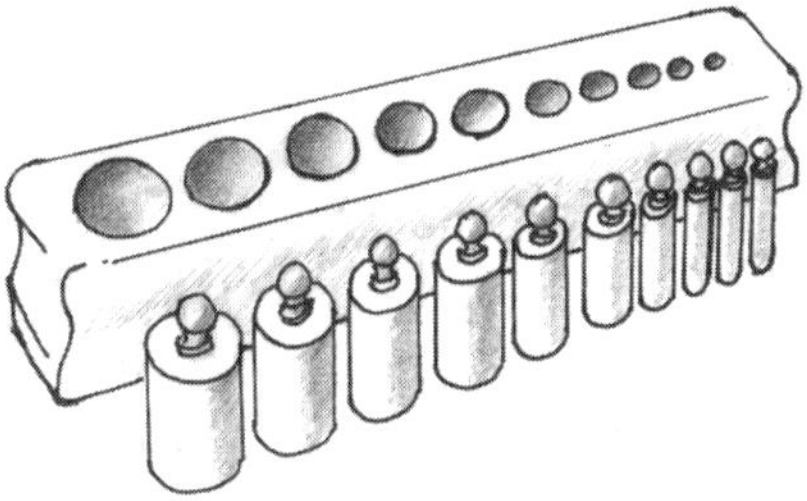

ブロックの穴の大きさは、そこに差しこまれるべき円柱の大きさと正確に対応しているので、まちがえて円柱を差しこむと、最後に穴にあわない円柱がひとつ残ってしまい、誤りに自分で気づくことができます。

このようにモンテッソーリ教具には、誤りをチェックできるという特徴があります。（モンテッソーリがもちいたイタリア語のcontrollo dell'erroreは「誤りの訂正」と訳されてきました。しかし、controlloには点検・チェック・確認といった意味はありますが、訂正という意味はありません。そこでここでは「誤りのチェック」としました。）

変化のきざし

三歳になったばかりの次郎くんは入園して半年、まだときどきお母さんが恋しくなって、しくしくと泣くことがあります。ある日、お弁当を食べおわって片づけをしていたときのことです。お弁当箱を袋に入れようとして手がコップに触れ、お茶をこぼしてしまいました。すると次郎くんは、すばやく雑巾を持ってきて、こぼれたお茶を拭きはじめました。なぜこのような行動がとれたかというと、お茶をこぼしてしまったときの「誤りのチェック」方法を知っていたからです。

次郎くんが水を注ぐという作業をしていて、コップにうまく水を注げずにこぼしてしまったときは、教師は誤りのチェックとして台ふきんでこぼれた水を拭いて見せてあげます。次郎くんは水を注ぐという作業をとおして拭き方を学び、失敗したときにその方法を使ったのです。

大人はそのような場面を見ると、さっと拭いてしまったり、「だから言ったでしょ。こぼさないように気をつけなさい」としかってしまったりすることがあります。ところが三歳の子どもでも、

雑巾のある場所と拭き方を知っていれば、冷静に失敗を直していけるのです。
このように行動できたら、失敗を恐れずに生活していけます。この力が、新しいことに挑戦したい、やってみたいという意欲、そして自信をつけていきます。お母さんと離れても、生活できると思えるようになれば、しくしくと泣くこともなくなります。私は雑巾を持ってきた次郎くんを見て、その日は近いと感じました。

ここにあるんだ

子どもたちが帰ったあとで教師がまずすることは、環境の整備です。部屋の掃除をし、けさ子どもたちを迎えたときと同じように教具・教材を整え、雑巾やテーブル拭き、台ふきん、お手拭きなどなどを決められた場所に置いておきます。翌日、子どもが使いたいときに、それらを自由に使うことができるようにするためです。

この春、入園したばかりの三歳児の太郎くんが、二センチほどに切ったストローに糸を通す作業をしていました。作業が終わり、「ストロー通し」の道具を棚にもどそうとしたとき、どの棚から持ってきたのかわからなくなったようで、棚の前をうろうろしていました。教師が「棚に『ストロー通し』の写真が置いてあるでしょう、そこに置いてね」と言いました。すると、太郎くんはじっとその写真を見て、お盆の上の「ストロー通し」の道

写真の図　→　太郎君が棚に戻そうとした状態　→　写真と同じに置き直した状態

具を写真と同じように並べかえてから、その場所に置いたのです。「同じものが同じようにあることにこだわる」特徴をもっている二歳児や三歳児にとってはあたりまえのことなのですが、時間に追われている大人は「どっちでもいいでしょう。早くしなさい！」と言ってしまいがちです。しかし、子どもの考えを尊重してあげることで、誤りのチェックをしていける子どもに育てることができるのです。

やりなおしたらいいんだよ

卒園生のお母さんからのお便りを紹介します。

娘が小学校に入学したばかりの六月にはじめての授業参観があり、午後の懇談会終了後、同じクラスのお子さんのご両親に声をかけられました。おふたりは、授業参観のとき娘のことがとても気になる存在だったそうです。そして、つぎのような話をしてくれました。

給食の時間に、あるお子さんが食器の中身をこぼしてしまって、別の子の机の上をぐちゃぐちゃにしてしまったそうです。先生は教室の前のほうで給食当番の子どもたちの世話をしていて気づきませんでした。こぼした子は呆然とつっ立ったままでした。まわりの子たちは、「あーあ、きったねえ」とか、「もう、給食食べられない」とかと騒ぐだけでした。机にこぼされた子も、どうしたらよいのかわからないという感じで、座ったままでした。

娘は自分のきれいな雑巾を持ってその場に行き、ひとりで片づけはじめたとのことです。そして「だいじょうぶだよ。掃除をすればきれいになるからね」と、女の子にやさしく声をかけて慰めたそうです。「失敗しても、やりなおしたらいいんだよ」と言いながら、ひとりで片づけをし、すっと自分の席にもどったとのことでした。

おふたりは教室の後ろからそのようすを目の当たりにして、たいへん感動されたそうです。「どんなお母さんなんでしょう。しつけについて聞いてみよう」と、私を待っていたとのことでした。私はその場面を見られませんでしたが、「子供の家」の子どもたちなら、困っている人を見たらさりげなく助けることができるように、心も身体も育っているのだと強く感じました。

入学当初の娘は、いっしょに登校する友だちもなくて、勉強も運動も苦手で、毎朝、泣きながら登校していました。そんな娘の後ろ姿に不安でいっぱいだった当時の私には、涙が出るほどうれしかったお話でした。そして、娘にも「いいところがあるのだなあ」と、あらためて気づかされました。それから少しずつ、ほんとうに少しずつですが、友だちができていったように思います。

日々の生活のなかで子どもは、たくさんの失敗をしますが、失敗をやりなおす方法をじっさいにやって見せて、ていねいに教えてあげることで、誤りのチェックを学び、失敗したお友だちをも助けていけるようになります。

モンテッソーリの著書に、つぎのような一節があります。「ぼくは完全でも全能でもない。でも、このことのやり方を知っているし、自分の力もわかっている。まちがえることがあることも、それを自分で直せることも知っている。だから、自分の進むべき道が分かっている」（『子どもの精神――吸収する精神』中村勇訳、日本モンテッソーリ教育綜合研究所）

成功体験が大切なのはもちろんですが、子どもに失敗させることを恐れず、小さな失敗はたくさん経験させてあげたいものです。失敗から見えてくる世界には、自信とやさしさにあふれた子どもの姿があります。

ひとりでできる環境

子どもは「ひとりでできるようになりたい」と思っています。寝返りを打つことに一生懸命な赤ちゃんに対して、大人は手を貸したりしないですよね。でも二歳ぐらいになって、子どもが牛乳をひとりでコップに注いで飲みたいのにできなくて泣きだすと、大人はコップに牛乳を注いで渡してしまう。なぜだか子どもは泣きやまない。子どもは自分で牛乳をコップに注ぎたいのです。そんなとき、ガラスのコップと、子どもサイズのピッチャーを用意して、ゆっくり注ぎ方を見せてあげれば、ひとりで注いで飲むことができます。

やりたいことがひとりでできるように、子どもサイズの本物の道具を用意し、ゆっくり動きを分析して見せてあげると、「できた」と自信をもって、つぎにやりたいことに意欲的になります。六歳にもなれば、牛乳も自然に注げるようになっているでしょうが、自分にとって少し難しいことに全生命をかけた経験は、意欲と自信につながっていくのです。

三歳の花ちゃんのお母さんが靴下を干していると、花ちゃんもいっしょに靴下を干しはじめたそうです。洗濯バサミを広げる動きが、三本の指を意志どおり動かしたい三歳児にとってぴったりだったようで、数日間続けていました。ところが、ステンレス製の洗濯バサミに変えたら、お手伝いをしなくなりました。金属製で力がいるため、やりにくかったらしく、プラスチックのものに変えると、お手伝いを再開したとのこと。「ひとりでできる」環境は大切ですね。

全体を見る

味噌づくりだってお手のもの

お昼が近づくと、ぷーんとよいにおいが部屋に立ちこめてきます。そのにおいのもとは、ふたりの年長さんがつくっている五十人分の味噌汁です。十五年ほどまえから毎年二月になると、来年の味噌汁用に味噌の仕込みを、三歳から六歳までの約四十名の子どもたちと、お手伝いの大人五名でします。大人のおもな仕事は、大豆を圧力釜でやわらかく煮ることです。その後の作業は、みごとに子どもたちがしていきます。その姿を見ていると、まさに味噌づくりが粛々と進んでいくという表現がぴったりなのです。

味噌づくりにスタッフとして参加してくれたお母さんから、こんな感想が寄せられました。

遅くなりましたが、味噌づくりの感想です。年少さんの姿が印象的でした。みんな神妙な面持ちで、つぶしたり、こねたり、自分が作業する順番を待ったりしていました。その表情は、けっして「楽しそう」とは言えないものでした。でも真剣で、文字どおり一生懸命やっていることが伝わってきました。二年前の私だったら、このような姿を見て「楽しそうじゃない」「やりたくなさそう」と、否定的に受けとめていたでしょう。

でも、この日はそうじゃないことがわかりました。とくに裕子ちゃんの表情が印象的で、ひと言もしゃべらず鼻息荒い真剣な顔をいまでも思い出します。笑い声やニコニコ顔、ちょっとしたおふざけだけが子どもにとっての楽しさなんだと、（以前の）私は思いこんでいたのです。黙って集中して、真剣にやることの充実感を、あの小さな子たちは味わっているのですね。「それが年中、年長になって自由に動く体とこころを身につけることにつながる」と、小川先生がおっしゃっていることがピッタリわかった瞬間でした。

楽しさの三つの秘密

子どもが楽しく味噌づくりに取り組める秘密は、三つほどあります。

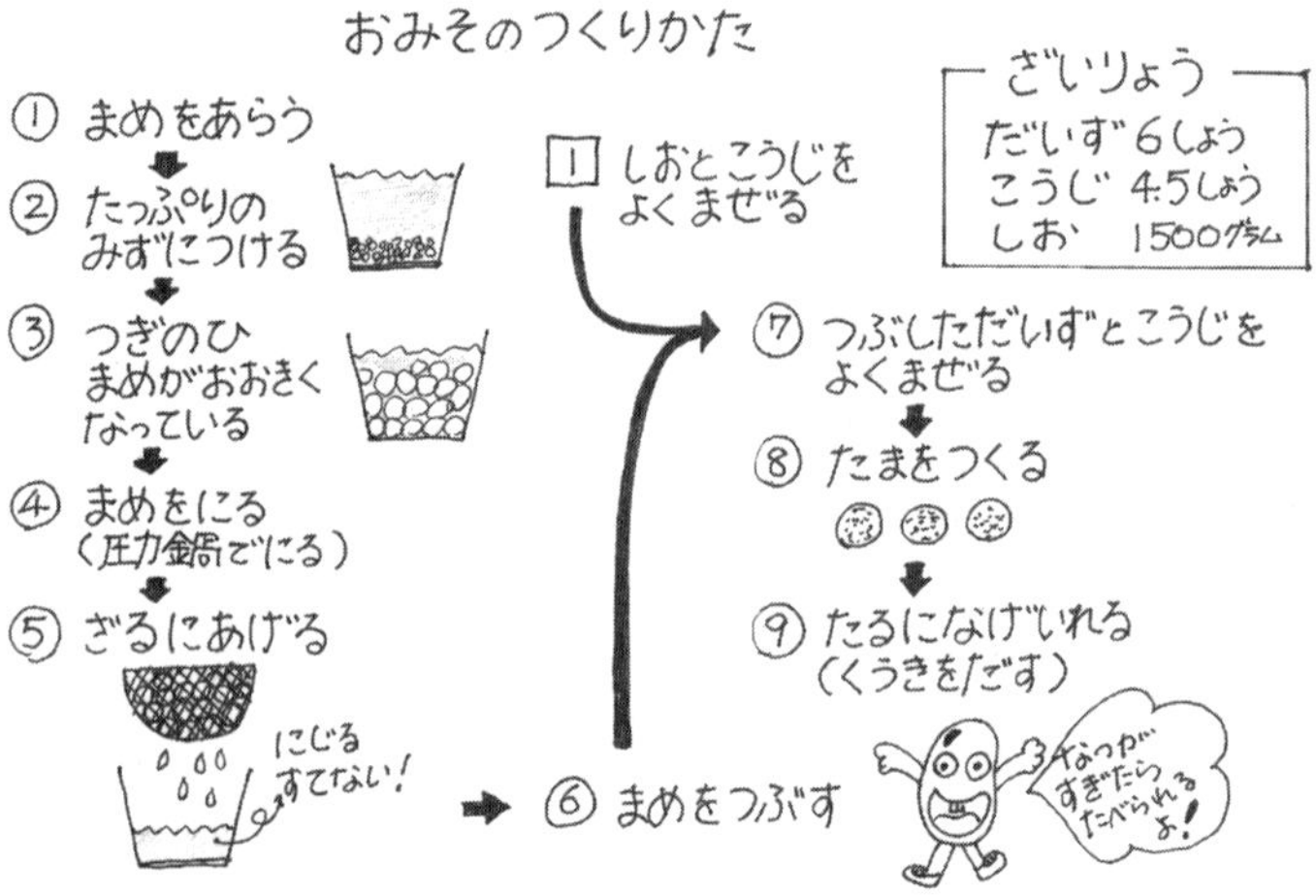
おみそのつくりかた
ざいりょう
だいず 6しょう
こうじ 4.5しょう
しお 1500グラム
① まめをあらう
② たっぷりの みずにつける
③ つぎのひ まめがおおきく なっている
④ まめをにる（圧力鍋でにる）
⑤ ざるにあげる
にじる すてない！
⑥ まめをつぶす
1 しおとこうじを よくまぜる
⑦ つぶしただいずとこうじを よくまぜる
⑧ たまをつくる
⑨ たるになげいれる（くうきをだす）
なつがすぎたら たべられるよ！

ひとつは、子どもたちに作業の全体像をイメージできるように伝えておくこと。そのために、レシピを図に表しておいてあげます。

ふたつめは、行動のモデルがいること。毎年味噌を仕込むことで、年長児はすでに二回、年中児は一回経験しています。年少児ははじめての体験ですが、年長児のサポートとかれらの動き方を見て、いわば行動のモデルをまねていくことで年少児も混乱することなく味噌づくりに参加できます。

三つめは、味噌を仕込むための作業をやっていける体になっていることです。コーヒー豆を挽くことやゴマをすることは、ふだんのお仕事のなかでもとても人気のあるお仕事です。たとえば、大豆をミンサー

（ハンドルを回して肉を挽く道具）でつぶす作業は、コーヒーミルでコーヒー豆を挽く動きと同じですし、すり鉢で豆をつぶすのは、ゴマをする動きと同じです。

このように、全体像をイメージでき、行動のモデルがいる。そしていつしか、腕や手を意志どおり動かせるようになっている。このことが裕子ちゃんの真剣な顔につながっていたのです。お手伝いのお母さんが気づかれたように、何かに真剣に向かっているときの楽しさは、充実感をともなった楽しさだったのです。

全体を見る経験を重ねて

私は、子どもが興味関心のあることをひとりでやれるように、そして、その作業の全体像が見えるようにくふうしています。

お仕事のなかで、二、三歳児の人気ナンバーワンは、「野菜切り」です。お母さんが台所で使っている包丁を使えるのですから、興味津々です。そのときに大切なことは、二、三歳の子どもが使えるサイズの道具を用意すること。本物の野菜を本物の包丁で切るので

すから、一歩まちがえれば、けがをしてしまいます。野菜のどこを持って、包丁をどのように動かすのかを、ゆっくりと見せてあげます。やり方を真剣に見てそのとおりの動きをすると、野菜が切れる。こうして子どもは意志どおり動く体をつくり、作業に集中する力をつけていきます。

そして、もうひとつ私がこころがけていることは、野菜切りのために必要な道具を、種類ごとに分類して棚に置いておくことです。その棚から子どもが、まな板・包丁・皮むき・ボール・布巾を選んで準備できるように教えています。

二歳や三歳の子どもに、わざわざ道具を自分で用意させるのは、野菜を切るために必要な道具を自分で考えていけるようにしていくためです。つまり、全体像をイメージできる子どもになってほしいからです。

このように、全体を見る体験を重ねている子どものエピソードを紹介します（お母さんから届いた圭子ちゃんの冬休みのようすです）。

◇◇◇

休み中こんなことがありました。公園でブランコに乗ろうとしたら、前日の雨で濡れていました。圭子は自分でリュックに入れてきたハンカチでブランコの座面を拭き、私は、それを見ていました。私は圭子が乗るところだけ拭いたらそれでいいと思っていました。すると隣のブランコにひとりの子がお母さんと来て「濡れているからタオルをとってこよう」と言って、ふたりは離れたところに置いてあるベビーカーにタオルをとりにいきました。そのあいだに、圭子は何も言わずに隣のブランコを拭き、さらにほかのふたつのブランコもぜんぶ拭きました。そしてなにごともなかったようにブランコに乗っていたのです。私は自分が「自分のところだけでいいだろう」と思っていたことが恥ずかしくなりました。

もどってきた親子にお礼を言われても、圭子はたいして得意そうでもなく、あたりまえの顔をしていました。このような行為があたりまえにできるということに感動しました。

行動の主人公になる

圭子ちゃんは、なぜブランコをぜんぶ拭いたのでしょうか。子供の家では、教具・教材を使いおわったらもとの棚にもどしておきます。それは、つぎに使う人がすぐに使えるようにしておくためです。圭子ちゃんが、だれが来るかわからないブランコを拭いたのは、つぎにだれが来てもすぐに使えるようにしておいたのでしょう。親子にお礼を言われても、あたりまえの顔をしていたのは、圭子ちゃんにとっては、毎日やっているあたりまえのことだったからだと思います。

私たちがイライラしたり不安になったりするときは、全体がイメージできなくて、さきが描けないときなのではないでしょうか。幼児も全体がイメージできないと、大声を出して「どうするの」「何をするの」と言ったり、泣きだしたり、わけもなく動きまわったり、落ち着かなくなります。すると大人は「もう、大きくなったんだから自分で考えなさい」と、ついつい言ってしまいがちです。

しかし、子どもが知りたがっていることの手だてを、あるいは知りたがっている動きをていねいに見せてあげ、使いたい道具が自由に使えるように、いつも同じ場所にある環境を用意してあげると、子どもは落ち着いて全体をイメージして、自分で考えて行動できるようになります。

圭子ちゃんのように全体が見えてくると、自分だけのことではなく、他者のことも考えて行動できるように、こころが成長していけるようです。自分で考えて行動できる、行動の主人公になれるって、大人も子どももうれしいことです。うれしいときはやさしい気持ちになれますものね。

自由と規律

モンテッソーリ教育というと、「自分の好きなことを自由にやっていい教育なんですよね？」と聞かれることが多々あります。

自由とは勝手気ままにしていいことではなく、規律があって自由があるのです。モンテッソーリはそれをコインの裏表と言っています。

たとえば、食事のあとのデザートをリンゴにするかバナナにするかは自由です。しかし食事をとらない自由はありません。つまり、食事をとることは規律であり、その後にデザートを選べる自由があります。

モンテッソーリ教育を実施している園の教室には、つぎのような自由と規律があります。

四つの自由	自由	規律（制限）
選択の自由	使い方を提示してもらったものは、自由に選べる	使い方を提示してもらってないものは、使えない
くり返しの自由	やりたいだけくり返せる	友だちが使っていたら、終わるまで待つ
質問の自由	何度でも提示をくり返してもらえる	提示をしてもらうために順番を待つ

決定の自由	作業を終わりにするときを自分で決められる	途中にした作業は、後日最後までやる

「野菜を切る」を例に、四つの自由を挙げてみます。

選択の自由	野菜を切りたいと思ったら、包丁の使い方を提示してもらってから、「野菜を切る」お仕事ができる
くり返しの自由	気がすむまで「野菜を切る」ことができる
質問の自由	「野菜を切る」ために必要な道具のそろえ方、包丁の使い方を何度でも聞くことができる
決定の自由	「野菜を切る」をどこでやめるかを自分で決められる

日常的に使うお箸は、正しい持ち方や動かし方を学び、練習をくり返すことで熟達していき、はじめて自由に使えるようになります。自分にとって持ちやすくても、正しくなければ、いつまでたってもじょうずに使えません。ここにも自由と規律が裏表にあります。

自由を尊重してあげなくてはと考えるあまり、わがままと自由を混同しないようにしていきたいものです。

ひとりで乗りこえる

いくつになっても「できた！」は格別

私は、パソコンに興味をもったのではなく、必要に迫られて、パソコンを学びはじめました。はじめてパソコン教室に行ったのは、二十年前のことです。そのときは三回ほど通って頓挫してしまいました。

イタリアのモンテッソーリ女史がサン・ロレンツォに「子どもの家」を開設して、二〇〇七年で百周年になりました。日本でもそれを祝って数々のイベントがおこなわれ、そのひとつの大会で、私が「たんぽぽ子供の家」の実践を発表することになったのです。

この発表の資料づくりにパソコンを使わなければならなくなり、以前の教室を訪ねて先生に再会したのです。「何をやりたいですか」と尋ねられ、「実践発表のための資料をつくりたいです」と希望を伝えました。先生は基本からやりましょうと言ったと思いますが、

「いえ、これをつくりたいのです」と食いさがり、資料づくりをはじめました。

いまふり返ってみれば、パソコン操作の右も左もわからないアナログ人間がなんとも無謀なことでしたが、先生の助けを借りながら、期日までに資料を完成させることができました。それから四年の歳月が流れ、なんとかひとりでパソコンを操作できるようになっていきました。

二〇一一年の夏のことです。モンテッソーリ大会で実践発表するため、パワーポイント（プレゼンテーションソフト）を使うことになりました。また先生に無理を言って、必要とするテクニックを学びました。

私がつくりあげたパワーポイントのスライドを見た娘が、「お母さんひとりでつくったの？　がんばったね」とほめてくれたのです。いくつになっても「ひとりでできた！」のうれしさは格別でした。

集中している姿の美しさ

亜紀ちゃんは三歳五か月です。十月に入ってから、ハサミを使う作業に興味を示すようになりました。ハサミを使って紙をただただ切っている姿は、亜紀ちゃんにスポットライトが当たっているかのように輝いて見えました。子どもが何かに集中している姿ほど美し

いものはありません。

保育参観でその情景を見た母親のひとりに、参観後の懇談会で、「亜紀ちゃんがハサミを使って切り紙をしている姿にびっくりしました。あんなふうに集中できる子を、どのように育てたんでしょうか」と質問されました。

私は「子どもが興味関心のあることをこころゆくまでくり返し、達成感を味わう充実した日々を過ごすことです」と答えました。その後も亜紀ちゃんはハサミを使って、切り紙を続けていました。一か月ほど切り紙に集中していたので、おうちでの亜紀ちゃんのようすをお母さんに聞いてみると、こんな話をしてくれました。

ほめられた

亜紀ちゃんはひとつ年上の友だちの愛ちゃんが、ハート型の切り紙をしているのを見ていて、すごく興味を示したそうです。そのころから切り紙をはじめた亜紀ちゃんは、ハサミを右手で持ったり左手で持ったりしていたそうです。

ハート型の切り紙は曲線に切っていかなければなりません。でも亜紀ちゃんは、ハサミをひと切り入れたあとはハサミをじょうずに動かすことができません。切るというより引きちぎり、うまくいかないので、「ママ切って」と助けを求める状態でした。カーブのあるものは指を切ってしまいそうになるので、母親が持ち方を見せようとすると、怒りだしてしまいます。

そんなことをくり返していたとき、亜紀ちゃんの家で、大勢の子どもと親たちが集まる会合が開かれ、大人たちがおしゃべりを楽しむなか、亜紀ちゃんは切り紙をしていました。そのようすを見ていた山田さんのお父さんは、亜紀ちゃんのハサミの持ち方が手を切りそうに危なっかしく感じたそうです。それでも切りすすめているのを見て「すごい」と言うと、亜紀ちゃんは「ちょっと待ってて」と、二階に行きました。

大人用のハサミを持ってくると、山田さんに、複雑な図形の切り紙も渡しました。そして亜紀ちゃんは、切りはじめた山田さんの手の動きをじっと見ていたそうです。ふたりで二時間ほど切りつづけて満足し、A４サイズの深さ五センチほどの箱にいっぱい切り紙の作品を入れて終わりにしました。

亜紀ちゃんは「すごい」をほめことばと思ったらしく、自慢げに切っていたとのこと。そして山田さんは、亜紀ちゃんと並んで切っていただけだそうです。その日を境にして、亜紀ちゃんの手がにわかに意志どおり動くようになり、子供の家での集中した姿になったようです。

あるときはお風呂に入ってもう寝るばかりなのに、ハサミを使いだして午後十一時まで切りつづけて、その場に倒れこむように眠ってしまったそうです。いまでは生協の商品カタログを毎日切りとっているようです。

難しいことがわかるって、楽しいよ

真弓ちゃんは子供の家の卒園生で小学二年生です。「真弓がかけ算がわかって楽しいって言うのです」と、お母さんがうれしそうに知らせてくれました。「エッ、どんなふうに楽しくなったのか教えてください」とお願いすると、つぎのようなお便りを届けてくれました。

運動会も終わって、二学期の学習が本格的になり、大好きな算数で楽しみにしていたかけ算がはじまりました。姉がかけ算の学習をしていたころはかけ算九九を暗唱する学習法だったので、真弓も同じかと思い、「なんの段から勉強しているの」と聞いてみますと、「なんの段？　そんなのないよ。いろいろなところ」という返事でした。

とりたててわからないようすもなかったので気にしませんでした。けれど数日後、帰ってくるなり、「五がいくつぶん、とか言われてわけがわからないんだけど。かけ算って難しい！」とのことです。持ち帰った宿題も絵を見ながらかけ算式をつくるものだったりで、かけ算の勉強の山にぶち当たった感じが見てとれました。「ひとさらぶんの数」と「さらの数」、「ひとつぶんの数」と「いくつぶんの数」という表現も娘にとっては、わかりにくいようすでした。

それから数日が過ぎたころ、「かけ算ずっとわけがわからなかったけど、やっとわかったの」と目をきらきらさせて、「ねぇママ、なんで真弓が算数好きだか知ってる？」と問うのです。「答えがひとつだから？」「違うよ。難しいことがわかるからだよ。かけ算って難しいでしょ、でもやっとわかったの。だから楽しくなってきたの」と、忘れられないほどの笑顔で話してくれました。穴埋め問題でつまずきそうになったり、何度かの山を乗りこえて、かけ算の勉強がひと段落ついていきました。

いまは、先生の前で順番↓逆算↓ランダムと暗唱していくために、日々お風呂のなかで、ぶつぶつと練習しています。

お手伝いしてもいいですか？

大人でも幼児でも小学生でも、少し難しいと感じていたことができるようになることは、なんともうれしいことです。亜紀ちゃんは、なんとしても曲線を切れるようになりたくて一か月以上、夢中で切り紙に挑戦し、真弓ちゃんは「最初は難しかったけれど、いっぱい練習してできるようになりました」と感想文を書いています。

意欲をもって挑戦していけたのは、まわりの大人が、誤りを指摘して直すでもなく、早くできるようにしようと教えこむでもなく、本人が技術や学びを獲得する過程に、やり方を見せながらていねいに寄り添っていたからです。

山田さんのお父さんは、亜紀ちゃんにハサミで紙を切っている自分の手元を見せていました。真弓ちゃんのお母さんも、すぐに教えようとはせず、真弓ちゃんが山を乗りこえる過程を観察し、彼女が理解するのを待ちました。パソコン先生も私がやりたいことを受け入れてくれて、同じことを何度もくり返し教えてくれました。そうして「できた！」の喜びにたどり着いたのです。

子供の家の由美子先生は、子どもが困っているときには「お手伝いしてもいいですか」と、同意を得てから教えています。自分の意思を尊重されることはだれにとっても、心地よいことでしょう。「お手伝いしてもいいですか」はすてきなことばがけだなぁと思って聞いています。

私にとってパソコンの操作は、幼い子どもがジャンパーのチャックをひとりで留められるようになるのと同じように、理解するのに時間がかかりました。操作をまちがえたり忘れたりして聞きかえすと、先生はいつでもていねいに応えてくれて、ほっとしました。そんなときは子供の家の子どもたちの顔が浮かび、私も子どもの声に耳を傾け、やり方をていねいに何度でも見せてあげたいと思うのでした。

シンプル・イズ・ベスト

おもちゃ売り場で

「息子のおもちゃを買いたいのでいっしょに行かない？」と娘に誘われて、船橋市にあるショッピングモールに行きました。

目的のおもちゃ売り場の隣には子どもたちが遊べる場所があり、そこは乳幼児と小学生の遊び場が分かれていて、乳幼児にはハイハイスペース、手首・指先を使うスペース、おままごとコーナーなどが用意されています。娘の購入したいおもちゃを、このコーナーで試すこともできます。私はさま変わりした子どもの遊び場にちょっと驚きを感じました。

おもちゃ売り場の店員さんは、「これはこうして押したり、引っぱったり、音が出たり、いろいろな遊び方ができるんですよ」と、ひとつずつていねいに説明してくれます。そんな説明を聞いていて、私は「乳幼児は目的がひとつのシンプルなおもちゃを好むのに」とつぶやいてしまいました。娘も「なるほどそうだね。シンプル・イズ・ベストだね」と、結局、購入したいと思っていたおもちゃは、孫の朝陽《あさひ》（生後十か月）もあまり興味を示さなかったので、その場をあとにしました。

手づくりおもちゃに夢中

娘が子供の家で発行する「ふれあい交差点」に掲載した文章の一部をごらんください（娘は子供の家で教師として働いています）。

先日、仕事を終えて二階に上がっていくと、息子はなにやらひとり遊びをしていました。静かに遊んでいたのでわたしは自分の用事をすることに。すると、少し目を離したその瞬間！「ビリビリビリッ」と音が……。息子が二階のふすまを破った音でした。それはちょっと破ったというていどではなく、ふすまの下半分ほどが大きく破りとられているという事態でした。先生方に事情を説明して謝ると、先生方は「あら〜、だいたんに破ったね」と笑って許してくれ、ふすまの修理もしてくださいました。

そんなことがあったつぎの日。朝、二階に上がってみると、部屋の壁にダンボールが貼られていました。ダンボールの表面には、おそらくたんぽぽの子どもたちが何か

で使った折り紙の切れ端がたくさんのりで貼りつけられていました。そしてまもなく「ほら朝陽くん、好きなだけ破っていいよ」と笑顔の先生が二階に上がってきました。

　よく見ると、折り紙の先にはのりが貼られておらず、息子が指でつまんではがせるようになっていました。ダンボールに貼られた折り紙の正体は、昨日息子がふすまを破いた行動を「いたずら」ではなく「指先でものをつまむことに興味がある」ととらえた先生が息子のために用意してくださった環境でした。息子は無論、喜んで折り紙をビリビリとはがしています。


子どもは小さな穴を見つければ、どの子も手を突っこみ、破りはじめます。

朝陽くんが帰ったあとでふすまを修理しながら、破ることが大好きな時期にどんな環境を用意してあげようかなと考えていました。

部屋のなかを見渡すと大きなダンボールが目に入りました。このダンボールに少し切り裂いた折り紙を貼っておけば、きっとまたピリピリと破るにちがいない。あくる日、朝陽くんは壁に貼られたダンボールを見つけ、ピリピリと紙をはがしはじめています。それからは、朝陽くんが来るまえに紙を貼っておくのが私の日課になりました。

身のまわりにある材料で手づくりしたおもちゃを使ってもらえると、すごくうれしくなります。

娘と孫がひさしぶりに地域の子育て支援センターに遊びにいったときに、「マジックテープをはがす」「ドアを開ける」「サランラップの芯を回す」などなど、二本の指を使う敏感期にいる乳児にぴったりの手づくり教材がいっぱいあり、朝陽くんはここで遊んだときがいちばんうれしそうだったそうです。

自分で着られて脱げる服

清美ちゃんが子供の家に入園することになり、入園にあたっての準備をお伝えしていたときのことです。服装の項目で「自分で着脱できるような服装にしましょう」とお話しすると、お母さんが「じつは、私はいままで清美にかわいらしいものを選んで着せていました」と応えました。

ちょうどそのとき、清美ちゃんがトイレに行きたいというのでいっしょに行くと、ズボンはチャックとボタン、そ

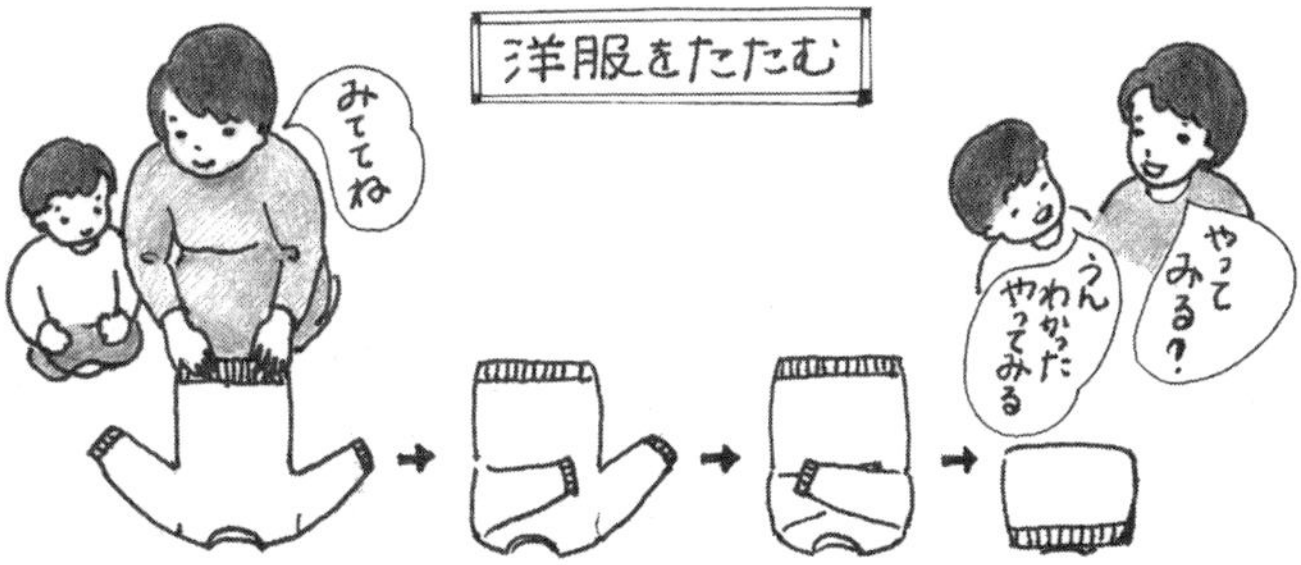

のうえベルトがリボン結びをするようなデザインでした。お母さんは、いまのズボンではひとりでトイレに行けないとすぐに気づいてくださり、これからはシンプルなものを選ばねば、と言ってくれました。

ふとそのとき、小学二年生になっている幸次くんの、在園当時の洋服選びのエピソードを思いだしました。幸次くんのお母さんのお手紙です。

たしか四歳のころだったと思います。朝の登園時、園に近づくと幸次が「上着を脱ぐ」と言いだし、その場で脱ぎ、上着を手さげカバンに入れてから園に入るようになりました。

その理由は「たんぽぽ子供の家」では、上着を自分でハンガーにかけます。ところが幸次は、チャックを扱うのが難しく苦手だったのです。当時は、お下がりのお洋服をたくさんいただくことも多く、上着はチャック式のファスナーや金属のスナップボタンなど、幸次にとっては着脱が難しいタイプのものでした。

下着やTシャツ、ズボンなどは自分でじょうずに着ることができても、上着のコートは練習してもなかなかできず、しだいに「ママやって！」と言うようになりました。

自分で着脱しやすい上着があればと思い、週末に幸次を連れて洋服店に行きました。

いろいろな上着を「これは自分でできるかな」と幸次が小さな手を使い、一生懸命試着していると、店員さんが「サイズいかがですか」と声をかけてくれました。「自分で着られて、脱げるお洋服を探しているんです」とお話しすると、店員さんは少し驚いたようすで「自分でできなくてはダメなんですか」と尋ねられました。「たんぽぽ」のことをお話しすると「それは大切なことですね」と感動されていました。

その後、やわらかい生地のボタンの大きなコートを試着し、自分で着脱ができたときは、店員さんが拍手をしていっしょに喜んでくれました。

翌週からは、もちろん自分で選んだコートを着ての登園です。お迎えにいくと先生が、今日は自分でできましたと、報告してくれました。その横で幸次も笑顔でした。

シンプルだから、できる

「大きい、小さい」「長い、短い」「太い、細い」などの概念をとらえるためにつくられたモンテッソーリの感覚教具は、ひとつの概念だけに子どもが注目できるようになっています。たとえばピンクタワーという教具は十個の木製の立方体で、十個の立方体の一辺は一センチから十センチまで、一センチずつ長くなっていて、「大きい、小さい」を知らせるため、大きさだけに注目できるように色をピンクで統一した教具です。

幼い子どもは、大きさだけに注目することで、立方体を大きい順に積んでいくことが容易にできます。このような活動をとおして「大きい、小さい」が整理整頓されて、概念化されていきます。

私たちは機能がたくさんついていると、便利だわ、得したわと考えがちですが、おもちゃも洋服も、目的がシンプルなもののほうが、「ひとりでできた」というかけがえのない喜びを乳幼児にプレゼントできます。

子どもがどんな動きを獲得したいのかを観察して、身のまわりにあるものを使って、手づくりの楽しみを味わってみませんか。きっと新しい世界の扉が開くと思います。

VI

自立に向かう

自立に向かって歩く

自信のある子どもに

新学期になると、それぞれが進級して、名札の色が変わる喜びの時期を迎えます。愛ちゃんはどちらかというと、おとなしいタイプの子どもで、「愛ちゃん、先生と楽しいお仕事やってみましょうか」と誘うと、「う～ん、やらない」ということが多く、なかなかお仕事を紹介できずにいました。

ある日、チャンスがめぐってきました。愛ちゃんがアウトラインステッチで、キリンの図案の刺繡《ししゅう》を完成させたときのことです。年長さんになると、子どもたちはお仕事でミシンを使うようになります。どの子もミシンには強いあこがれをもっています。私は愛ちゃんに自信をもってほしくて、だれよりも早くにミシンかけを教えたいと思っていました。「愛ちゃん、その刺繡をポケットにして手さげ袋を縫ってみましょうか」と誘うと、ちょっと不安そうでしたが、「先生がちゃんと教えるからだいじょうぶよ。愛ちゃんならぜったいできるからね」と、かなり強引に誘いました。すると、「うん、やってみる」との答え。ミシンに挑戦し、すてきな手さげ袋が完成したのです。

「できた！」。こぼれんばかりの愛ちゃんの笑顔。年長児でいちばんにミシンに挑戦したことを見ていた友だちから、「愛ちゃんすごいね」とほめられて、体中が喜びであふれていました。

私は愛ちゃんとこころがふれあえて、うれしく思いました。

その後の愛ちゃんは、「このお仕事してみませんか」の誘いに、「やってみる」と言うようになりました。愛ちゃんは自分はやればできるのだという感覚をつかんだようです。自信をもったのです。

このごろの彼女は登園するとすぐに、パン生地をつくる仕事をくり返しやっています。

年下の子どもたちのあこがれのまなざしに囲まれて、気持ちよさそうに両手でパン生地をこねています。

私が違う部屋にいても、「先生、金ビーズの足し算やるね」「連続数一一二まで書けたよ」と、目を輝かせて報告にきてくれます。愛ちゃんが自信のある子どもになってゆく姿を見せてもらっている日々です。

先まわりせずに待つ

子どもの成長を見るのが楽しいという、四歳児のお母さんからのお便りです。

先日、段差があるところに登り、ジャンプして降りました。ここだけ書くとものすごくふつうのことのようですが、祐樹にとってとてもうれしいことのようです。じつはとても慎重な祐樹は、少しの段差でもかならず、おしりをついてから降りていました。

お姉ちゃんがもっと高いところからジャンプをしているのを見ても、祐樹はこうすると決めているように、慎重に手をつき降りています。たんぽぽに入園してからいままでずっとそうでした。毎日同じ道で同じ段差で、ジャンプできなくてもかならず登り、おしりをついて降りるというくり返し。
そして先日「やってみよう」と思ったのでしょう、はじめてジャンプで降りました。姉も私も思わず「できたね」と顔を見あわせてしまいました。この日からどこでもジャンプするようになった祐樹です。行動を起こすまではとても時間がかかるけれど、自分で決めて「やってみる」と行動する祐樹の成長を見るのが楽しみです。

子どもの声を聴く

子どもによかれと思って体操教室に通わせたお母さんからのお便りです。

体力をつけさせようと四月から体操教室へ通わせることにしました。最初のうちはふだんできないようなボールを使った運動、平均台、マット運動などなどが目新しいこともあり、楽しそうに通っていました。けれど何度か通ううちに行くのを拒むようになりました。
それでもだんだんと慣れて楽しくなってくるだろうと、ごまかしながら通わせていましたが、ある日教室に入るまえに大泣きで「たんぽぽへ行って、それから体操は疲れてできない」と、訴えました。

じつは体操教室へ通わせた理由のひとつは、ほとんどの幼稚園で鉄棒や跳び箱を教えていて、小学校に行ったときにはできている子どもが大勢いると聞いたからです。心配になり、私の気持ちが流されて体操教室へ入れました。

子どもに泣きながら気持ちを伝えられたとき、通わせる意味があるのか考えてしまいました。悠太をよく観察してみると、最近は腕を使った運動をよくしていることに気づきました。雲梯《うんてい》、登り棒、鉄棒にぶら下がり、低い支柱を見つけると馬跳びのように跳んだりします。公園で楽しそうに体を動かしている姿を見て「いまは、ただ遊んでいることができる時期」だと思いました。体操教室へ行かなくともふだんの外遊びでじゅうぶん体力をつけられると気づき、体操教室をやめました。

そのぶん公園遊びをたくさんして、ときどきは車ではなく大好きな電車に乗せてたんぽぽへ通わせ、体力をつけさせていこうと思います。

情報に流されてしまう自分を反省しました。

「できない」からはじまる

子育てをおもしろがっている、子供の家の先輩お母さんからのお便りです。

わが家には長男四年生、長女二年生、次男一年生、次女三歳の四人の子どもがいます。子どもたちはそれぞれが個性的で、自分の得意な能力を発揮してまわりと協調しているように思います。四人がそれぞれで、異なった人格を見せていることが、親としてはたいへんおもしろく感じています。いいことも悪いことも四人分で、予想のつかないできごとに親は動揺することが多いのですが、子どもたちはどんなときもあまりぶれません。

最近ではそのおかげで、私たちも少し余裕をもって出来事を見守り、おもしろいと楽しめるようになったと感じます。子どもたちはどんな状況でも見通しをつけ、楽しんでゆけるのだと感じ、安心したことがありましたので、書かせていただきます。

最近の小学生は、学校に入ればすでに計算ができ、プールがはじまればすでに泳げて、さまざまなことを先どりしているので、なんでもできる子どもが多いと思います。

ですが、わが家でははじめての出会いの新鮮さを感じてほしいので、先どりはなるべくしないようにしています。ですから当然のようにほとんどのことは「できない」からはじまります。

先日一年生の次男に、「来週からプールだけど、お友だちに聞いたらみんな泳げるんだって。ぼく潜るのもできないから、みんなといっしょに泳がされたら溺れちゃう。

だからプールには入りたくない。先生にお母さんから言ってよ」と言われました。翌日息子は先生にプールの授業の内容、水深まで聞いて、「溺れないからだいじょうぶだ」ときっぱりと言いました。

それを聞いていた長男が「晴樹、ぼくだって同じ一年生のとき、縄跳びが跳べなかったのはぼくだけだったんだよ。だけどいまではクラスでいちばんだよ。はじめはできなくても何も困ることはないよ」と言うのです。不安なことはそのまま表現し、見通しをつける手段を知っていることをすばらしいと思いました。できないからといって困らない子どもたちをこころから頼もしいと思いました。

大人の仕事は背中を押すこと

愛ちゃんは、ミシンをかけるというちょっと難しいことに挑戦して、できたという深い充実感や達成感を体験し、自信をつけました。

祐樹くんのお母さんも、四歳の男の子だからもっと活発であってほしいと思うこともあったでしょう。しかし、祐樹くんが慎重な子どもであることを認め、ジャンプして降りると自分で決めるまでは、待っていました。祐樹くんにとって待ってもらえることは、自分の意思が尊重されている実感となり、自尊感情を育てていくことができたのでしょう。

悠太くんのお母さんは、子どもによかれと思って体操教室に通わせましたが、「たんぽぽへ行って、それから体操は疲れてできない」という訴えにはっとしたそうです。悠太くんの声に耳を傾けたお母さんは、たくさんの情報にふれて、これも教えなければ、あれもできるようにしておかねばという不安から体操教室に通わせたことに気づきました。

晴樹くんは、不安なことはまわりの人に話し、自分で納得して見通しをつけてから挑戦していくことで、はじめての体験も乗りこえられることを経験しました。

子どもがいま、何につまずいているのか、何をやりたいと望んでいるのかをていねいに見て、あるときは待ち、耳を傾け、手だてを見せ、背中を押してあげることで、子どもは「できた！」の体験をし、自立に向かって歩みはじめます。

大人の仕事は、子どもが「人生の主人公は自分なのだ」と思えるようにサポートしてあげることなのではないでしょうか。

子ども時代とは、ただただ何かをする、

ただただうれしい、目的のないことをやってゆく時間をたっぷり経験する時代です。

遊びこむことで友だちとぶつかりあったり、なかよくなったりしながら、人との距離のとり方を学び、身体の動かし方を学んでゆく。そんな子ども時代を大切にしてあげたいものです。

持てる力を出しきって

博人くんの変化

子供の家に入園希望の博人くん（二歳）が、一月にお母さんといっしょに見学にきました。そのとき博人くんは鼻かぜをひいているのか、鼻水をたらしていました。ときどきお母さんがティッシュを出しては横から拭いていました。博人くんはそれがとてもいやそうでした。

「博人くん、いっしょに鼻を拭きましょうか？」と声をかけると、いやいやと首を振り、私の前からいなくなってしまいました。三十分ほどしてお母さんとのお話も終わり、もどってきた彼に「博人くん、見ててね」と言って、私はゆっくりと自分の鼻をかみました。

「やってみる？」と聞くと、ううんと首を振ります。

「いつもお母さんに鼻を拭かれていやなのね」と言いながら、もう一度鼻をかんで見せま

①ティッシュを半分に折る
②鼻にティッシュをあてる
③片方の鼻孔を手で押さえて
鼻から息をはく
④もう片方も同じようにする
⑤両手でティッシュを押さえて
鼻をふく
この行動をスローモーションで
ゆっくりと見せてあげる

した。するとやってみたいようす。ティッシュを渡し、もう一度鼻のかみ方を見せると、同じように鼻をかみはじめました。そして、にこりと笑って、「できた」とうれしそう。

自分でできるように教えてもらったことがうれしかったのでしょう。帰るときには、子供の家の玄関で何度もバイバイと手を振ってくれました。

先生、できないと思ってたでしょ

北海道の旭川いずみ保育園の戸波登志子さんからお便りが届きました。

（切りこみの入った台紙に細長い紙を通していく）「紙織り」というお仕事があります。いずみ保育園では、毛糸を使った機織《はたお》りに取り組むまえに、「織る」というしくみをつかむために紙織りをおこなっています。

図案は基本形から発展形まで何種類か用意してあります。そのなかにクリスマスツリーがあります。クリスマス前だったこともあり何人かが取り組みました。それを見ていた勇二くんがやりたいと言ってきました。

勇二くんはどちらかというと手先が不器用で細かいお仕事は得意ではなく、短気なところもあり、折り紙をうまく折れないと、くしゃくしゃにまるめてしまうような子どもでした。

ツリーは左右の目をひとつずつ減らしていくため難しく、私はもう少しやさしい図案を勧めました。どうしても「これがいい」と言うのでようすを見ることにしましたが、内心「すぐにあきらめるだろうな」「できないとかんしゃくを起こすだろうな」と、考えて

集中してクリスマスツリーを織る

いました。

　ほかの子どものお仕事に気をとられて一時間ぐらいたったとき、勇二くんがまだじっと同じ場所にいることに気づきました。もうかなりの部分ができあがっています。驚いて観察を続けると、ひとつずつ目を数えたり、引きぬいてやりなおしたりをくり返して、ついに完成させたのです。

「勇二くん、できたんだね」と声をかけると、「うん、勇二できたよ！　先生、できないと思ってたでしょう？」と、にやりと笑ってみせたのです。私はやられたな～と思いつつ、「うん、ごめんね。できないと思っていたよ」と、正直にうちあけました。

　子どもは心の底からこれがやりたいと思ったときには、ほんとうに持てる力のすべてを、もしかしたらそれ以上を出してやれるものなのだということをみごとに見せてくれました。と同時に、教師がこれは早い、まだ無理と決めてしまうことのおろかさにも気づかされました。大きな出来事です。

完成した紙織りクリスマスツリー

小さな先生

二〇一三年一月の時点で、子供の家のスタッフは正職員二名、パート職員三名と私でした。子供の家を二十七年間運営していてはじめてのことでしたが、正職員二名、パート職員一名が体調を崩してお休みとなる状況が起こりました。

モンテッソーリ教育のクラスは縦割りで、子供の家では二歳半から六歳までの子ども四十六名がいっしょの部屋で活動しています。その園児たちを私とパート職員二名で保育していくことになったのです。

モンテッソーリは「教師最大の成功の証は『まるで私が存在しないように、子どもたちが取り組んでいる』と言うことができるでしょう」と言っています。私は、このピンチはそのことを実証するチャンスだととらえることにしました。

年長児にはそれぞれお世話をする年下の子どもがいます。年少児の晴樹くんのお世話係は年長児の昭雄くんです。昭雄くんはお仕事をするときには、晴樹くんの隣にテーブルを出して並びます。

晴樹くんがコーヒー豆を挽く作業をするときに、力が弱くてコーヒーミルのハンドルをうまく回せないでいると、昭雄くんはコーヒーミルを上から押さえて力が入りやすいように手伝ってあげています。

百合ちゃんは、隼人くんが折り紙のコップが折れないでいると、ゆっくりと折り方を見せてあげています。その動きをじっと見ていてそのとおり折ろうとする隼人くん。できあがった折り紙のコップに名前を書いてあげる百合ちゃん。このような光景は毎日教室じゅうで目にすることができます。

年長児はなんでもやってあげるのではなく、できないで困っているところをお世話してくれるので、私は年長さんを「小さな先生」と呼んでいます。ふだんからこのように助けあって暮らしているので、「まるで私が存在しないかのように、子どもたちが取り組んでいる」という試みが、私はなんだか楽しくなってきました。

私たちが小川先生を助けるの

お誕生会では、子どもたち全員でカレーをつくっ

てお祝いをします。朝から各自エプロンをして、年少児は野菜を切る、年中児は野菜の皮をむく、年長児はお米を研いでごはんを炊いてゼリーをつくる、というように各学年で作業を分担して、共同作業でカレーを完成させます。

二月のお誕生会では年長さんに「今日は裕子先生と桂先生、れいな先生がお休みです。お休みの先生が多いので助けてくださいね。小さな先生、よろしくお願いします」と話してから、カレーづくりに入りました。

二月ということもあって、全員が作業を何回も経験しているので手順を理解していること、そして年長児の自分たちがやるんだという気迫が、全員で粛々とカレーづくりを進めていく空気を生みだしました。

カレーづくりのあとには、作業で使った道具の片づけがあります。年長児四名が、まな板、ボール、お盆などを洗ってから、拭いて、乾かすという一連の片づけのお仕事を担当しました。

洗って拭くのが終わり、乾かす段になりましたが、このとき私は別の仕事をしていましたので、「二階の水星のお部屋（部屋の名前）に干しておいてね」と頼みました。

その日の保育も無事に終わり、帰り支度をするために二階に行ってみると、お盆、まな板、ボールが色や材質別に分類され、整理整頓されてテーブルの上に干されていたのです。

ていねいで美しい片づけ方にびっくりすると同時に、子どもたちのすばらしさに、私はしばらく立ちつくしていました。

子どもたちが、自分たちで考えて協力して、ここまでみごとに力を出しきってくれたことがうれしくて、目の回るような一日も充実の日に一変しました。

あまりにうれしくて、この状況をお母さま方にお話しすると、こんなことを伝えてくれました。

「小川先生、たいへんでしょ？」と娘に言いましたら、「私たちが小川先生を助けるの」と言っていました。子どもであっても頼りにされたり、必要とされたりすることの喜びを感じているようです。

子どもの力が引きだされるとき

二歳は二歳なりに、六歳は六歳の持てる力を最大限に出しきってできたことが、自信となり、自分を信頼していける核となります。

博人くんが鼻を自分で拭けたときに、あんなに喜んだのは自分でできたからです。二歳の子どもにとって鼻をじょうずにかむのはなかなか難しいことです。でもそのちょっとたいへんなことが「できた」ことが自信につながっていきます。

勇二くんは、どうしてもやりたいと思ったツリーの紙織りをひとりで完成させました。その姿を見た登志子先生は、主体的に選んだお仕事は、子どもの力を最大限に引きだすことを発見しました。

私も人手が足りていたら、帰り支度とは別に二階に行って、きれいに干せているかどうか確かめたり、「きれいに並べてね」などと、いらぬことを言っていたかもしれません。

自分自身に自信をもっている子どもは、信頼されている、尊重されていることがわかると、こんなにも力を発揮してくれるんですね。大人は子どもにていねいにやり方を教え、そのさきは信頼して任せる。そんな場を用意してあげることが大人の仕事だと、つくづく思ったお誕生会でした。

その後、先生たちも健康をとりもどし、私にとって緊張の日々は終わりました。

自立とやさしさ

自分で身のまわりのことができるようになった子どもが、いままでできていたことをお母さんに「やってほしい」と言いだしたとき、ふと母親の頭をよぎるものがあります。それは、やってあげると、どんどん甘えてきて、せっかく自分でできるようになったことも、これからできなくなってしまうのではないかという恐れです。

遥ちゃんのお母さんは、自分で出したものは自分で片づけるように口うるさく言っていました。すると遥ちゃんは、自分のものだけを片づけて、弟のおもちゃは片づけずに残しておくようになりました。それを見たお母さんはあるときから「遥のもいっしょに片づけておくね」と、自分のものといっしょに片づけをするようにしました。そうしたら、「ありがとう。じゃあママのもやっておいてあげるね」とやさしいことばが鏡のように返ってきたそうです。

「私がやさしい気持ちで接することで、娘はほかの人にやさしく接するようになりました。かんたんなことですが、私にとって大きな発見でした」とお母さんはお話ししてくれました。

もちろん自立は大切です。でも、してあげられるときはやってあげてもだいじょうぶ。自立とやさしさは両輪で育ちます。

「言ったようにはならないが、やったようになる」という先人のことばがあります。ちょっとドキッとしますね。

あきらめない

智仁くんのことば

福島原発事故が起こり、元職員の黒沢尚子さんが福島市から五歳と三歳の子どもを連れて、子供の家に二週間ほど避難していました。

そのことを伝え知った卒園生で中学一年生の智仁くんが、食料を持って彼女に会いにきました。そして、こんな話をしてくれました。

「ぼくは毎日切り紙をして、六冊の作品帳のうち二冊がぜんぶ切り紙だったよね。たんぽぽは自分の好きなことを好きなだけやれるけど、お仕事は最後までやるというのがすごいと思う。いま自分はサッカーをやっていてゴールキーパーをしているけど、『最後までやる、あきらめない』という気持ちはたんぽぽのときに育ったと思うんだ」と言うのです。

どんな選手になりたいのと尋ねると、「ドイツのカーン選手みたいになりたい」とのこと。ワールドカップでの、どんなボールもゴールに入れないぞというカーン選手の気迫を思い出しました。
十二歳の少年が「お仕事を最後までやったことが、いまの自分をつくっている」と感じてくれていることが私はすごくうれしくって、彼がそのことをいつどのように獲得していったのかを探ってみたくなりました。

好きなことを好きなだけ

子供の家では、日々の子どもの活動を家庭に連絡し、そして家庭からは、家での出来事などを知らせてもらうために、連絡帳という小さなノートを使っています。智仁くんのお母さんに連絡帳を見せてくださいとお願いすると、ノート五冊と作品を貼ってあるスクラップブック六冊が届きました。そのなかから切り紙に励んでいた智仁くんの姿を紹介します。

●二〇〇二・七（智仁くん四歳）　小川（教師）
先日ハサミの使い方を見せました。智仁くんの興味にぴったりだったのでしょう。なんと、一時間以上ハサミを動かすことに集中し、そのことが喜びとなったようです。

夏休みにご家庭でも智仁くんがハサミを自由に使えるように用意してみてください。ちょっとした動機づけを面談でお話しします。

●二〇〇二・九・八（智仁くん四歳）　青木（母）

夏休みにハサミにもっと親しんでもらおうと思い、面談で先生にアドバイスをしていただいたようにくふうしてみました。切り紙を私がつくり、智仁に「やってみる？」と誘ってみました。七、八枚くらい切って、セロテープでつなげてコウモリをつくりました。

そして八月の後半に、本屋で購入した切り紙遊びをいっしょにやりました。ハム太郎というキャラクターもの、ということもあったと思いますが、切って貼るという作業を二時間近くやっていました。曲線になると切るまえから「ちょっとぼくには難しいみたいやなぁー」と、私にやってほしそうにします。「失敗したっていいからやってみようよ。ゆっくり切ればいいよ」と励ますとやりはじめ、できるとうれしいようで意欲的に

やっていました。食わずぎらいならぬ、やらずぎらいのようなところがあったようです。

智仁くんは二か月ほど切り紙を続けました。するとお母さんは切り紙ばかり続けていて、やることが偏りすぎているのではないだろうかと、少し不安を感じるようになってきました。そのころに交わされた教師と母親の往復書簡です。

●二〇〇二・十・三十（智仁くん四歳）　小島（教師）

ここのところ切り紙を何枚も切っています。お仕事の取り組みひとつを見てもそうなのですが、ほかのあらゆる面でも、智仁くん変わったなと思うことがあります。たとえば、本の読み聞かせをしているとき、背筋をピンと伸ばして座り、お話も最後までよく聞いています。待つとか座って話を聞くといったことが、以前はなかなか難しかったようですが、いまはとてもじょうずにできています。切る、縫うなどのお仕事を何度もくり返していくうちに「できた」という達成感が自信につながり、自己コントロールする力が育ってきたようです。あらゆる場面で彼の成長に驚かされるとともに喜びでいっぱいです。

●二〇〇二・十（智仁くん四歳）　青木（母）
たくさんほめていただいて、うれしいかぎりです。智仁に読んであげると、とても喜んでいました。手を使うことの大切さを実感しました。これからが楽しみです。

いままでやらずぎらいの傾向が強かったのですが、自信がつくとこんなにも意欲的になるんだなぁと感じました。持って帰ってきたスクラップブックを見てもそう思いました。

あの一枚一枚が智仁の自信につながっているのですね。「たんぽぽって楽しいなぁ、切り紙がいちばん楽しい」と言っていました。


切り紙には単純なものもたいへん複雑なものもあります。智仁くんは単純なものから複雑なものへと挑戦していきました。

●二〇〇三・六・十八（智仁くん五歳）　青木（母）
切り紙にもいろいろな種類があることに、びっくりしました。後半の作品は細かい模様で、ちょっとひっぱると破れてしまいそうなもので、切っているときのようすを思うと感動しました。「ぼくは線上歩行が終わると切り紙がしたくてウズウズしてくるんだよ」と話しています。（線上歩行は、五センチ幅の白線の上を歩くことで身体のバランス感覚を育てます。）

やりきることの心地よさ

●二〇〇五・二（智仁くん六歳）　小島（教師）

智仁くんが創作した、絵とかんたんな文で表現された物語『カモのいちにち』の本が仕上がり、製本に入りました。できあがりを見せてもらうとページの上下がばらばらで、背にのりを貼らないままホッチキスでとめられていました。文字のまちがえもありましたので「つくりなおそう」と言うと、「できない。このままでいい」と泣きだしました。とくに今回の本は十五ページもあり、枚数も多くたいへんだと思ったようです。本人はもうやりたくないようですが、このまま途中で終わらせるのではなく、自分の選んだお仕事に最後まで責任をもってやりとおしてほしい。「できた」と達成感を味わって、卒園してほしいと思っています。私も本ができあがるまで責任をもって、智仁くんをサポートしてまいります。

卒園まであと一か月という時期でしたので、智仁くんは本をつくりなおすには日数が少ないと感じていたようです。「卒園まであと少しだからできない、枚数が多くてホッチキスができない」と、できないことだけにこころがとらわれていたようです。

お母さんはいままでも、できそうにないとか、ちょっと無理かなということもやりとげてきた智仁くんなので、なんとかがんばってほしいとエールを送ったそうです。

私は智仁くんにあまりプレッシャーをかけずに「わー、できちゃった」くらいの軽い感じで、本づくりを終わりにしたいとお母さんに伝えました。

しばらく時間をおいて智仁くんが「やる」と決めた時点で本づくりを再開し、三月十一日に完成。卒園まであと六日でした。

「最後までする」というと、根性主義のように聞こえるかもしれませんが、智仁くんはつぎのような道筋をへてお仕事をしていきました。

①自分で作業を選ぶ→②作業に集中する→③作業をくり返す→④できた

この四段階をくり返し経験することで、「最後までやった」という深い充実感や達成感を味わい、智仁くんの人格の核はつくられていきました。

智仁くんは切り紙だけをしていたわけではありません。しかし私が三十五年かかわった幼児教育のなかで、これだけ同じことをくり返した子どもに出会ったのははじめてでした。このままでいいのだろうかと、正直私も迷いました。しかし、じょじょに複雑な図柄のものに挑戦し、真剣に切り紙に集中している智仁くんの姿に動かされて、見守ることにしたのです。

お母さんも、智仁くんが切り紙を一年間以上続けていることを受け入れ、彼の成長を信じて待ってくれました。

智仁くんは好きなことを好きなだけくり返すことで、最後までやりきることの心地よさ、達成感、充実感を経験しました。そして、まわりの大人が、くり返すことの大切さを認め、見守り、待つことで、彼は「最後までやる、あきらめない」少年に成長していったようです。

震災や原発事故でこころ晴れぬなか、自転車で走りさる少年の後ろ姿からは、すがすがしい希望が見えました。

六歳の旅立ち

小正月の繭玉づくり

長野県の諏訪出身の先生と月の満ち欠けの話をしていたら、陰暦の節句に話題がおよび、思い出話をしてくれました。先生の子どものころ、小正月にはお米の粉で繭玉《まゆだま》をつくり、子どもたちは餅をウサギのかたちなどにして、ミズキの木に挿して飾ったそうです。さまざまなかたちをつくるのも楽しかったけど、二、三日してから炭で焼くか、たき火で焼いて、砂糖醤油をつけて食べるとおいしかったなぁ、と。そして「節句の行事は大切に子どもたちに伝えていきたい」とも言っていました。そのお話を聞いている

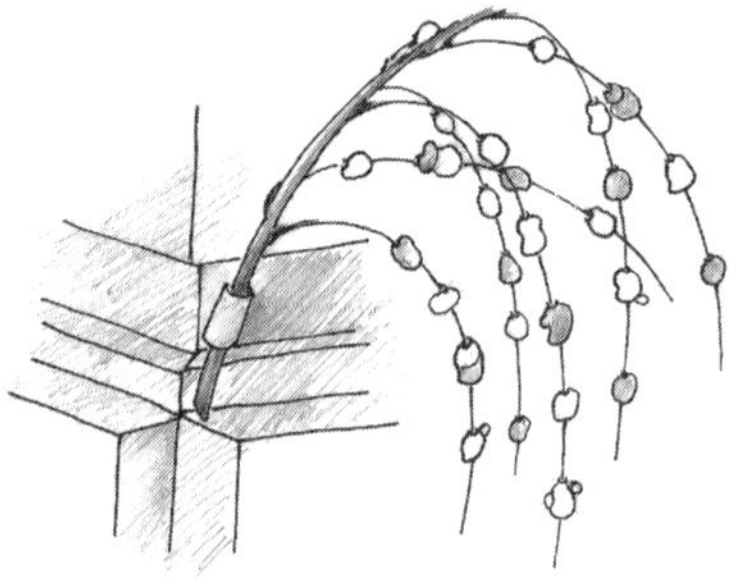

うちに、私も子どもたちと繭玉をつくりたくなったのです。

繭玉を挿すには火にあぶってもすぐに燃えないミズキか柳の木がよいそうです。うれしいことに、ときより立ち寄る花屋さんで赤い枝の柳を見つけることができました。

先生たちと前日つくった繭玉を子供の家に飾っておいたところ、子どもたちが興味を示したので、「繭玉をつくりましょう」と誘うと、「つくりたい！」との返事でした。

年長児十三人で、上新粉をこねて、団子にしてふかし、それをすりこぎでたたいて粘りを出してから、よくこねてまるめていきます。「先生、まぐろずし。まぐろの握りつくったよ」。かわいらしい紅白のまぐろずし。ウサギ、クマ、ネコ、ハート型と思い思いのかたちをつくっていきました。

そのようすを見ていた京子先生は、すごいと感じたそうです。子どもたちが「先生、これどうするの」などと聞くのではなく、自分で考えて黙々と手を動かしていたからです。

その子たちは、二、三歳のときから自分で作業を選び、手を使って集中し、くり返し「ひとりでできた！」という経験を積みかさねています。ですから繭玉づくりというはじめての作業でも、よく説明を見て聞いて、手順を考えて繭玉をつくることができます。私は、子どもたちがこんなふうに成長すると、学校に送りだす時期が来たなぁと思うのです。

柳の赤い枝に飾られた餅のかわいいこと、部屋は桃の花が咲いたようにぱっと明るくなりました。三日後に森に行って、たき火で繭玉を焼いて砂糖醤油をつけて食べましたが、味は歯ごたえのあるおせんべいといったところでしょうか、子どもには大好評でした。月の満ち欠けの話からはじまった、小正月の繭玉づくりを楽しんだ新春です。

学校って、どんなところ？

卒園生から、「学校がお休みなので遊びにいっていいですか」と電話が入るときがあります。卒園生と幼児たちが一日過ごした帰りの集会で、「何かお兄さんに質問ある人は聞いてみてください」と言うと、「はい。学校では何が楽しいですか」「体育とお休み時間かな」「先生はこわいですか」「こわくないよ。でもちょっと厳しいかな」などなど、卒園が近くなると、こんな質問が多く出ます。

親も子も少し緊張したり、心配したり、心が揺れ動く時期のようです。卒園まであと三十数日というときに、いつも元気で活発、でもちょっと肩に力が入っている健二くんのお母さんから、こんなお便りが届きました。

ひさしぶりに中野木川公園で楽しそうに遊んでいました。でも、「危ないからやめて」というような、乱暴な行動が目立ちました。私は家に帰ってから、どうしてもその理由が聞きたくなり健二と話をしました。最初は私の説教という感じだったのですが、話しているうちにふと「小学生になるのが不安なのかな」という考えが頭に浮かび、「不安なの?」と聞くと、コックリとうなずき黙っていました。それを見た私は、面談のときに先生から聞いた「お友だちの失敗が許せないときがあるみたいで……」ということばを思い出し、「失敗するのがこわいの?」と聞いてみました。すると「うん」と言って泣きだしてしまいました。「失敗したら、またやりなおせばいいのよ。だいじょうぶだよ」と言って抱きしめたら、さらにウワーンと泣きだし、その後一時間ほど泣きつづけました。

健二はこんなに張りつめた心を抱えて、いままで耐えてきたのかとあらためて知り、それを解きほぐしてあげられなかった自分を反省しました。泣いているあいだにも「お母さん大好き」と何回か言っていました。私も目に涙があふれてきました。四人兄弟の三番目で、甘えたくても素直に甘えられないときもたくさんあったのでしょう。泣きやんだあとはすっきりしたのか、「おなかすいた」とひと言。
　そんなことがあったつぎの日、少し素直になった健二を感じながら「いのちの講座」（P98参照）を受け、私も健二に対して、ほんとうに素直に「生まれてきてくれてありがとう」という気持ちになりました。
　いのちの講座の会場では、私に抱っこされるのをはずかしがっていましたが、家では何回も「赤ちゃんになる」と言って、私の膝の上に乗ってきました。

　その後、健二くんの集中力はますますパワーアップして、春にたんぽぽを巣立っていきました。

就学時健診での出来事

友だちがいない小学校に送りだすことにとまどいを感じていた愛子ちゃんのお母さんが、就学時健診にいったときのようすを知らせてくれました。

　先日、就学時健診にいってきました。たんぽぽからは愛子ひとりでした。私は愛子の手を引いてドキドキしながら何十年ぶりに母校を訪ねました。大人になったいま、何もかも小さく見え、体育館や教室はこんなにせまかったのかしらという印象でした。

入り口で番号札を渡されて受付へ向かいます。ほかの子どもたちは、同じ幼稚園や保育園のお友だちと待ち合わせしてきているようすでした。並んでいると、私たちをはさんで、同じ保育園へ通っているらしい子どもの母親が小声で話しています。そして友だちどうしが連番になれるように番号札を交換してほしいと言われ、交換しました。

愛子は教室に行き、私は体育館で講演会。体育館では番号札順に席が決まっていました。ですから、さきほど番号札を交換した同じ保育園のお母さんたちが私の隣に並んで座り、あれこれと話をしているのです。

ひとりってこんなに心細いんだなぁ……知っている人がだれひとりいない状況で、はじめての環境に足を踏みいれる勇気。愛子も番号順にクラスに入っているはずだから、この列のお母さんの子どもたちといっしょ、私のいまおかれている状況と同じ。愛子もがんばっているのだから私もがんばらなくちゃ！　と思いました。

講演会が終わり、足早に愛子を迎えにいきました。すると「学校楽しかったよ。双子ちゃんがいてね。顔がそっくりだった。教室に魚がいて、隣の男の子は見にいったけど、私は見にいかなかった……」と話しはじめました。「廊下にお母さんの作品が貼ってあったよ」「えっ?」と見にいくと、同じ名前の子どもの作品でした。「びっくりしたぁ! お母さんが子どものときつくったのかと思っちゃったよ」

愛子の口からそんなことばが返ってくるとは思わなかったので、とても驚きました。子どもって、こんなにも順応性があるのですね。大人が心配するよりはるかに上を行っています。一年生になるのが楽しみです。

さなぎが蝶になるように

新しい世界の扉を開くときに、あこがれや希望、そして恐れやとまどいを感じることは、だれでも経験していることでしょう。六歳の幼児にとって小学生になることは、さなぎが蝶になるような劇的な変化なのかも知れません。

健二くんの不安をことばにしてあげることで、健二くんがもやもやした不安から自分を解放していく過程を知らせてくれたお母さん。

自分はドキドキしていたのに、子どもはその場の環境に順応し、新しい発見をしていく姿にたくましさを感じたお母さん。

繭玉づくりを楽しそうにしていた子どもたちは、さまざまなお仕事で「ひとりでできた！」を何度も経験して自信をつけました。失敗しても、やりなおせばよいことも体験しました。いつのまにか、小さな先生のように、年下の子どものお世話ができるようにもなりました。

子どもは、まわりの大人に揺れ動くこころを支えてもらうことで、前に向かって進んでゆけます。大切にされている存在であることを確信すると、目の前のハードルを乗りこえてゆけます。自分を信頼する力と、まわりの人たちの支えが、六歳の旅立ちを後押ししてくれるようです。

とんとん
たんぽぽさん
さあ しゅっぱつのひですよ
わたげになって
とんでゆきなさい
せかいじゅう どこにでも
とんでいって いいのよ
とんとん

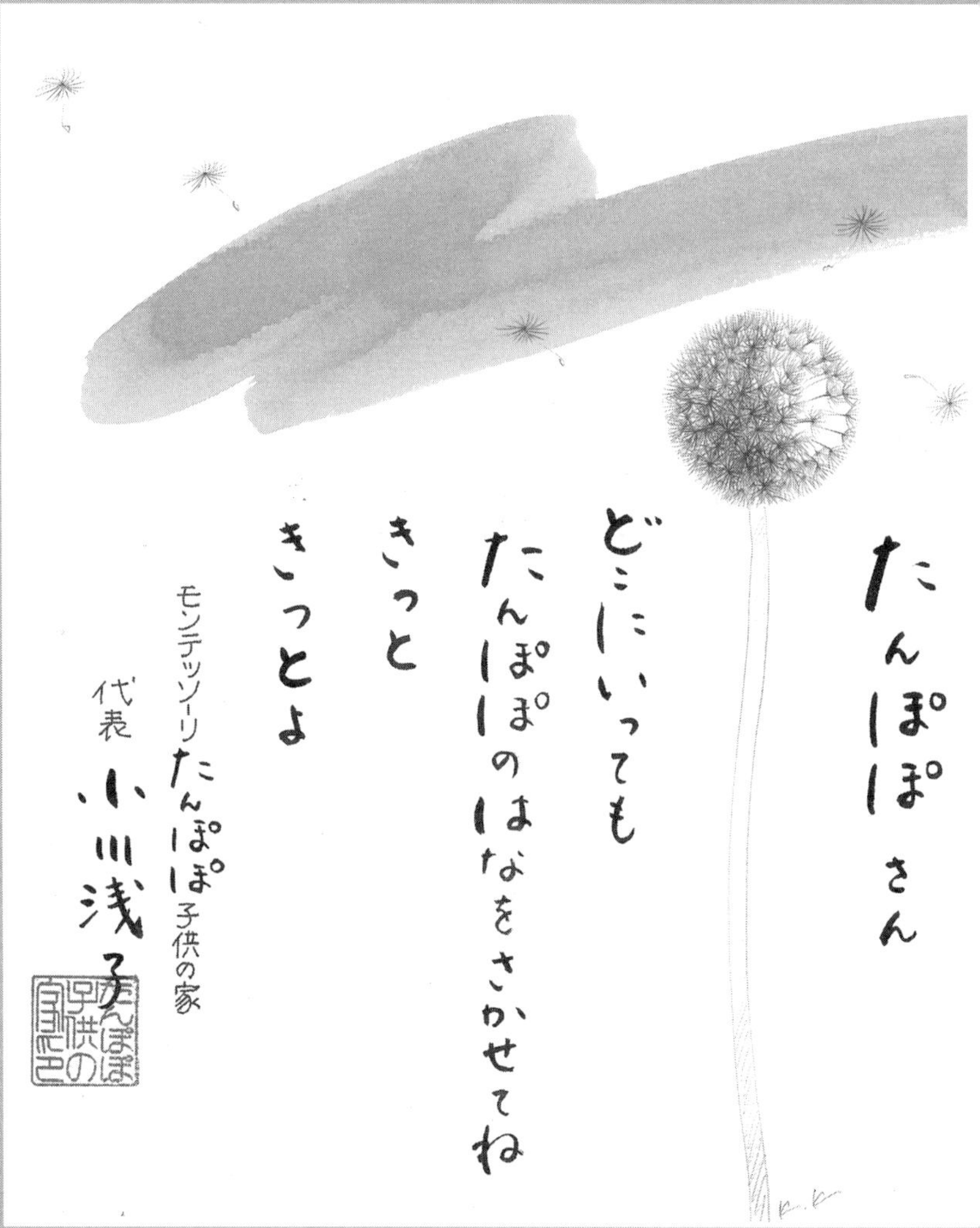
たんぽぽ さん
どこにいっても
たんぽぽのはなをさかせてね
きっと
きっとよ
モンテッソーリ たんぽぽ子供の家
代表 小川浅子
たんぽぽ子供の家

おわりに

園の名前を決めようと考えをめぐらせているときに、たんぽぽの生物としての戦略を知りました。冬のあいだに葉を低く地面に広げ、暖かくなると立ちあがり、くもりや雨の日には花を閉じるそうです。一本の花は小さな花の集まりで、実が熟すまでは低く倒れて身を守り、実が熟すと茎が起きあがり、晴れた日に綿毛が開いて、風に乗って遠くに飛んでいきます。

たんぽぽの戦略と、星野富弘さんの詩「たんぽぽ」のワンフレーズ「私も　余分なものを捨てれば　空がとべるような気がしたよ」に出会い、子どもたちがたんぽぽのように、敏感期に必要なことを獲得していく力と、余分なものを捨てていける勇気をもてるようにという願いをこめて、「モンテッソーリたんぽぽ子供の家」と名づけました。前ページに掲載した園の修了証書は、そんな願いをこめて私が書いた一遍の詩と、思い思いの場所に綿毛となって飛んでゆく子どもをイメージして、甲斐田和子さんが描いてくれました。

甲斐田さんは、週一回、子供の家で造形美術を教えてくれていました。クレヨン画では大きく腕を動かすことを見せる。水彩画では筆や絵の具の扱い方を伝える。ガラクタ工作ではものとものののつなげ方、木工では「今日は大工さんをしようね」と、ノコギリ、トンカチ、キリの使い方をていねいに教えていました。それは、動きをていねいに提示し、基本の動きを獲得したあとに創造性が生まれるというモンテッソーリ教育の考え方と共通していました。「幼児の絵はこころの表現。できるだけ長く、その絵を見た大人に何が描かれているかわからないような絵を描いてほしい。それは子どもにとって空気を吸うように大切なことだ」とも言っていました。

仕事がすんだあとには、いっしょにお食事しながら少しのお酒をいただき、教育や造形美術のことから、生き方、家族、ファッション、美容についてまで、よく語りあいました。辛口でときには厳しく、でも温かみを忘れない最高の話し相手でした。同志であり、お抱えカンセラーのような存在でもあったのです。この本のもとになったエッセイ「子どもの扉」では、愛らしい子どもの姿をシンプルな線で描いてくれましたが、二〇一三年一月、病のために帰らぬ人となりました。彼女との二人三脚はすてきな時間でした。この本に出てくる絵は、すべて甲斐田さんによるものです。

子供の家の子どもたちがお仕事をとおして変わっていく姿に出会うことが楽しくて、静岡自然を学ぶ会の池上理恵さんにお話ししたことがきっかけで、二〇〇七年から同会の会報に「子どもの扉」の連載がはじまりました。

子どもの話をするたびに、「なんてすてきなの！　そのことを書いてくださいね」と池上さんがおもしろがってくださることが、執筆の原動力となりました。原稿の一遍を書くごとに、まるで新しい生命を生むような喜びと苦しみを味わっている私が連載を続けられたのも、助産師さんのように寄り添い、励ましてくださった池上さんのおかげです。

「パソコンの先生」（P196参照）こと原俊信さんには、毎回原稿について助言をいただきました。日本モンテッソーリ綜合研究所研究員だった中村勇さんには、モンテッソーリ理論について考察していただきました。中村さんも、二〇一八年十月に帰らぬ人となりました。

この本にときどき登場する平林浩先生は、子供の家の小学部の講師であり、幼児にとっては、車山合宿でいっしょに山に登り、星の説明をしてくれて、花火をつくり方を教えてくれる（このときマッチの火を食べてくれる）先生です。子どものことで迷ったりしたときに相談すると、「そうだねぇ、それはこんなふうに考えることもできるよ」と違う側面からお話ししてくださり、子どもを観る目も育ててもらいました。その子どもたちの姿をぜひ本にまとめなさいと、背中を押してくださったのも平林先生です。

本のなかでたびたび引用している連絡帳は宝のノートです。毎月末に教師が園での子どものようすをお伝えし、保護者の方は家庭でのようすを書いてくれています。教師も親もこの連絡帳を書くことで、新しい発見をし、子どもを観察する目を養い、尊重すること、待つことを学びます。連絡帳からの転記を快諾してくださった保護者のみなさんに、心より御礼申し上げます。

「子どもの秘密」を教えてくれた子どもたち、たんぽぽ子供の家を支えてくださった保護者の方々、いっしょに教育にたずさわってくれた先生方、この本が世に出るには、こんなにたくさんの方のお力添えがありました。そして、太郎次郎社エディタスの漆谷伸人さんのおかげさまで、このような本になったことを感謝いたします。

末尾になりましたが、最後まで「子どもの扉」を開きつづけてくださった読者のみなさま、ありがとうございました。

二〇二〇年二月
小川浅子

●著者紹介

小川浅子（おがわ・あさこ）

「モンテッソーリたんぽぽ子供の家」園長。一九四七年生まれ。日本モンテッソーリ教育綜合研究所教師養成センターを修了し、一九八九年〜二〇〇五年、同センター講師。三歳〜六歳コースの教師養成に従事する。一九八六年、モンテッソーリ教育施設「たんぽぽ子供の家」を開園。以来、園長として幼児教育にたずさわりながら、モンテッソーリ教育の研修会講師として全国各地で講演活動をおこなっている。

子供の家のマーク
デザイン：甲斐田和子

子どもの扉がひらくとき
「モンテッソーリたんぽぽ子供の家」の子育てから

二〇二〇年三月十日　初版印刷
二〇二〇年四月五日　初版発行

著者……………小川浅子
絵………………甲斐田和子
装幀……………臼井新太郎
組版……………トム・プライズ
発行所…………株式会社太郎次郎社エディタス
東京都文京区本郷三－四－三－八階　〒一一三－〇〇三三
電話 〇三－三八一五－〇六〇五　ＦＡＸ 〇三－三八一五－〇六九八
http://www.tarojiro.co.jp/
電子メール………tarojiro@tarojiro.co.jp

印刷・製本………三松堂株式会社

定価はカバーに表示してあります
ISBN978-4-8118-0840-6 C0077

本のご案内

こどもキッチン、はじまります。

2歳からのとっておき台所しごと

石井由紀子（著）
はまさきはるこ（絵）

A５判並製／九六ページ ●定価：本体一六〇〇円＋税

料理は体験の宝庫。なんでもやってみたい幼児たちには、〈たたく・つぶす・まぜる・きる〉といった動作すべてが、ワクワクする新鮮な経験です。モンテッソーリ教育にもとづく、感覚と自立を育む料理教室のエッセンスをイラスト＆写真でわかりやすく解説。

平林さん、自然を観る

平林 浩（著）

四六判上製／一九二ページ ●定価：本体一七〇〇円＋税

「左手にサイエンス、右手にロマンの人だ」（柳生博さん評）。子どもたちに科学を教えつづけている著者が、その知見を携えて自然のなかを歩き、探し、出会い、そして観る。信州の野山で、日々の東京で見つけた、見えているのに見えない自然を活写する観察記。